JN112146

著｜張替　一真
絵｜横井 いづみ

自分を幸せにする働き方

仕事が楽しくなる
74の思考法

夢
目的
価値

ぱる出版

この本を手にしてくれたあなたへ

　毎日働いていて、楽しいですか？
今の仕事に、自信や誇りを持っていますか？
お金以外になんのために働いているのか、答えられますか？
　経営者の皆さんは、自社の社員さんが、
上記の質問にＹＥＳと答えると思いますか？

　大人になったら、仕事をするのが当たり前だと思い、
　働き始めたのは、いいものの……
　長く働けば働くほど、満員電車、仕事内容、人間関係、勤務時間、勤務環境など、考え出せばきりがないくらい仕事に対するモチベーションが下がる要因が頭の中に思い浮かぶと思います。

　それが原因で「心身の病」になる人も……。
　それでも、皆「仕事」に人生の多くを費やし続けているのだと思います。

　どうせ、人生の多くを「仕事」に費やしているのなら、少しでも「仕事」を楽しめるようになった方が、幸せになれる可能性が高くなる気がしませんか？

この本では、「仕事」について、前向きに、そしてちょっと真剣に考えながら、
「仕事」を少しでも楽しむために必要な
「仕事をする為の目的」をつくるコツを紹介しています。

　わかりにくいことは学んでも実践できないですよね。
ですので、全部のページにイラストを入れて文章も短めに、
できる限りわかりやすく説明しています。

　一生懸命、文章もイラストも書いたので、
できたら全部読んでもらいたいけど、
なかなかそうはいかないのも理解しています（笑）

　自分が共感できるページだけでも、大丈夫！
さぁ、パラパラ開いていきましょう。

あーあ
早くかえりたい…

はじめまして

ナビゲーター
ホンネちゃん
Honne Chan

ビジネス上の「建前」と心の中の「ホンネ」の葛藤に日々悩んでいる若手社員 ホンネちゃん。

学校を卒業後、働き出した会社はブラック企業とまではいかないが、理想の職場とのギャップは大きかった。上司にはイヤミを言われ、入社したての後輩にはナメられながら、日々仕事について悩んでいる。

もっと自分に合ってる職場や仕事につけさえすれば、仕事は楽しくなるのではないかと、ついつい暇があればスマホで転職サイトを調べてしまうこの頃。私、このまま仕事を続けていて幸せになれるのかな？

CONTENTS

[CHAPTER 4
楽しく働くために欠かせない要素がある]

CHAPTER 1

なぜ
今の仕事は
楽しくないのか?

1 人間関係が悪い

　仕事帰り、電車に揺られながら思い浮かぶのは「やめちゃおっかな」「どうしようかな」ということばかり。電車の窓に映る自分の表情は、とても輝いているとは言えない。

　銀行員として働いて、もう4年になる。仕事が嫌な理由の大部分は、先輩のせいだ。そんなに年齢も変わらないのに、私のことがとにかく気に入らないらしく、聞こえるように悪口を言ってくるのはまだいいほう。ミスでもしようものなら、鬼の首をとったかのようにあげつらってくる。もちろんマウンティングだって半端ない。旅行帰りの先輩から、私だけおみやげのお菓子をもらえなかったときは心底びっくりした。今どき、こんなことをする人がいるのかと。

　私はいつも笑顔でいるし、自分のペースで働こうとしているだけなのに、いつもアイツから横槍が入る。最近では視界に入るだけでもイライラしてくる始末だ。せめて、例の先輩だけでもいなくなれば仕事も楽しいのだろうな。少なくとも、出社前に「ズル休みしたい」という気分にはならないはずだ。

　そして、この先輩に逆らえない上司もどうかしていると思う。自分はどうせすぐに支店が変わるから、どうでもいいのだろう。

　さらに、見て見ぬふりをする同僚や、言うことをきかない後輩、クレーマー顧客など、私の職場は日本語の通じない方々で溢れかえっている。

　もう、こんな人たちと離れるには、会社を辞めるしかないの!? でも、せっかく入ったのに…。でも、明日も同じことが起こるだろう。だったら、やっぱり辞める? でも、もし転職しても、またイヤな人がいるかもしれないよね……。

　こんな「でも」ばっかりの堂々巡りを、もう何年も続けている。そろそろ、解放されたい…。

『人間関係が悪い』から楽しくない!

2 正当な評価を得られない

なぜ？

なぜ私だけ
待遇が
違うの？

なぜ
仕事を任せて
くれないの？

なぜあの人と
お給料が
違うの？

なぜあの人と
仕事量が
違うの？

上司は
どこで評価
してるの？

なぜもっと
評価して
くれないの？

なんで
だろう

私は何のために　頑張っているの？

　あの子よりもいい成績を出しているのに、評価をしてもらえていない。こんな理不尽なことってあるだろうか？ 上司と個人面談をしたうえで出されたボーナスは、私よりも成績が悪い同期より安かったらしい。びっくりしすぎて、同期会ではそれ以上話す気が起きなかった。

　別に、お金がすべてだとは思っていないけど、それって評価されていないってことだよね？ おかしいよ。人前で泣きそうになるのを誤魔化すために、上を向いた。

　帰り道でも、まだそのことが頭から離れない。あの上司、本当に見る目がない。仕事の評価をどこでしているのだろうか。私のほうが会社に貢献しているのに、こんな仕打ちって……。あの2人、まさかデキてたりするの！？ そうでもないと、私のほうが下という説明がつかない。

　匿名アカウントでさんざんグチったあとは、そのまま右手で持ったスマートフォンに「転職」の2文字を打ち込む。世のなかには山のように会社があるのだから、ここじゃなくてもいいはずだ。正当な評価をしない会社になんて、いる価値はない。

『正当な評価を
得られない』
から
楽しくない！

愚痴は
SNSで

3 労働時間が長い

私は一体、何のために
仕事をしているんだろう？

　毎日、職場で時計を見るたびに心底びっくりする。そして、毎回「もうこんな時間、ヤバい！」以外の感想は出てこない。

　IT系である我が社の定時は9時から17時とされているけれど、17時に会社を出られたことはない。8時には会社へ行き、終電（または、それに近い時間）で帰宅する。

　世の中にはアフター5とかいうものがあるらしい。そんなの、私にとってはツチノコ同然だ。存在は知っているけれど、見たこともなければゲットできたこともない。

　週末は休めることもあるが、体力回復のために寝るだけで終わってしまう。当然、友人たちとも疎遠になってきた。

　帰宅して寝たらすぐ朝になってしまうから、寝ないでおこうかと最近では思っているほどだ。ベッドだと熟睡してしまうので、ソファーで寝るようにしている。そうすれば、途中で起きられる。そのときに時計を見ても、さすがにまだ出社時間にはなっていないので、安心なのだ。とはいえ、まだ最近は泊まりこみがないからマシか…？

　プライベートの時間や体力、肌を犠牲にしても、得られるものはいくばくかのお給料だけ。すべてを納期に支配されている気さえする。私のやっていることって、一体何なんだろう？

『労働時間が長い』から楽しくない！

死んでしまう……

4 なかなか成果を上げられない

今月も、営業目標を達成できなかった。ノルマって、なんのためにあるのだろう……。この仕事を始めてもう5年も経つのに、私はとにかく営業に向いていないのだろうな。最近では、同期どころか後輩にまで抜かれている始末だ。

でも、私にだって言い分はある。法人営業は競合も多いし、なんと言っても怖い・厳しいクライアントが多い。要は、みんなよりも厳しいフィールドなのだ。やさしいクライアントが私には少ないんだから、それを加味してほしいと思う。それに、保険なんてコロコロと変えるもんじゃないでしょ？そう思うと、そもそも商材もよくないな。

なんていうのも、上司や会社は理解してくれないのだろうな。私がただサボってるみたいじゃん……。そうじゃないのに。頑張っているけど結果が出ないのだ。上司は「大丈夫？」なんて聞いてくるけど、心配風の嫌味だ。頭ごなしに叱られないだけマシと自分に言い聞かせ、帰りの電車で思い出して、またイライラするという負のループ。

ああ、せめてノルマがなければこんな気分にならずにすむのに。月末は本当に胃が痛くなる。いっそ、病気だと診断されたら辞められるのに。いや、それよりも寿退社がいいかな……。そうすれば、ずっと働かなくてもよくなりそうだから。

ムリだっつの

『なかなか成果を上げられない』から楽しくない！

5 自分だけ仕事量が多い

頼まれるのは、いつも自分ばかり。

「ホンネちゃん、この仕事やっておいて！」同僚や上司から掛けられる言葉のナンバーワンはこれだ。それぐらい、自分でやれや。心のなかではそう毒づきながらも、思いとは真逆の笑顔で「はーい！」と返事する。ついでに、任された書類をぐちゃぐちゃにするイメージを描きつつ。主演女優賞、受賞間違いなし。

　私はとにかく仕事を頼まれやすい。お人好しを絵に描いたような顔をしている私には、みんな頼みやすいのだと思う。断られるなんて、夢にも思っていないだろう。あとは、気が弱くて全然言い返したりしないから、よく言えばやさしいと思われている。悪く言えば、ナメられている。女優だから顔には出さないけれど、ときにはイライラのあまり体が震える。

　社歴が浅くて下っ端だから、頼みやすいというのもきっと大きい。でも、後輩だっていないわけじゃない。あれ、そう考えると私にばかり仕事が降ってくるのは、やっぱりお人好し顔だからか……。頼まれにくい顔をしてる人とか強気な人って、おトクすぎないか？ 同じ給料なのに、ラクしてんじゃねーよ。なんで私だけこんなに働かなきゃいけないの！？ 割に合わない。コピーとか、「○○調べて」とか、飲み会のセッティング、出張の段取りとか……
マジでもううんざりだから！！

『自分だけ仕事量が多い』
から
楽しくない！

6 仕事内容が自分に合わない

　合わない仕事をしていると、キツい……。最近、つくづくそう感じる。
　入社数年はラッキーなことに自分に合った仕事ができていた。でも、責任が生じる年齢になるにつれ、そういうわけにもいかなくなってきた。

　営業自体は好きだけれど、「この商品、正直よくないな……」と思いながら売るのはつらすぎる。チョコを食べられるスマホケースって……何なの？
　自分がいいと思えないものをすすめているとお客さんを騙している気分になるし、いいと思っていないから、営業トークも熱が入らなくて全然売れない悪循環。でも、ノルマがあるから売らなきゃいけない。どうしたらいいんだ。っていうか、こんなものをすすめさせる会社って、どうなの……。私、関係ないし。

　それに最近は新人教育まで加わって、ますますキツい。そもそも人に教えること自体が向いていない。後輩からあれこれ聞かれるけど、見てたらわかんだろ……って思うことが多すぎる。手取り足取り教えていたら、こっちが仕事する時間がなくなるわ！

　なんで上司はこんなに合わない仕事ばっかりさせるのか。早く元の仕事に戻りたい。このまま戻らなかったら、と考えるだけでゾッと する。そうなる前に、転職かな……。

早く前の配属に戻りたい〜！

『仕事内容が自分に合わない』から楽しくない！

7 環境が悪い

　ドラマに出てくるようなOLさんは、広くて明るい、キレイなオフィスでテキパキと働いている。（そして、イケメン上司と恋愛するのが相場だ。）私もそんなOLになるのが夢だった。なのに、何なんだこの現実は。

　駅の改札を通り抜けるときまでは、あたかもキラキラOLであるかのような顔をしてみる。でも、現実はこうだ。

　築何年かもわからないようなオフィスは、天井が異常に低いし階段も急。資料室は埃だらけすぎて、近づきたくもない。そして、外から陽の光が入ることはなく、とにかく暗い。極めつけは、トイレが和式なこと。今どき、和式って……。イケメンは存在せず、おじさん（いや、もうおじいさんか……）に囲まれてがんばる毎日だ。オフィスラブなんて、望むべくもない。

　一応、やりたいことはできているけれど、オフィスの環境が悪すぎて本当にテンションが下がる。就活に夢中だったころはこんなことが大事だとはまったく思わなかった。働く環境が、これほどテンションを左右するとは。

　もちろん、できる範囲ではキレイにしている。けれど、そもそもこれって本来は私の仕事じゃないはずだ。なんでこうなっちゃったかな……。ここだけ改善されれば、別に文句はないんだけれど。

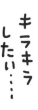

キラキラ
したい……

出会いもない…

『環境が悪い』
から
楽しくない！

8 会社の方向性が不透明

また社長が怒っている。売り上げが思うようについてこないらしい。まあ、気持ちはわかる。けど、社員の前でイライラしてみせるメリットって何…？

中規模なデザイン会社に入社して数年。私はこの会社でやりたいことが叶う！と思っていたけれど、いざ入ってみると内実はこうだ。

社長はかなりワンマン。別にそれはいいとしても、中長期的な視点がまったくない。いつも目の前の売り上げだけを見て、一喜一憂している。何よりも会社がどこを目指しているのか、私にはまったくわからない。

この前までキャリア本のデザインを引き受けていたかと思えば、今度はキャバクラのホームページ。本のデザインがよくて、キャバクラのホームページが悪いと言いたいわけではない。むしろ、「女性の仕事を応援するデザインを引き受ける」といった理念のもと、両方引き受けるのであればカッコいいなと思う。

でも、この会社には理念とか理想、「こういう会社でありたい」「こういうふうに社会に貢献したい」といったものが存在しない。だから、きた仕事は手当たり次第に引き受けているんだろうな。しかもお金がいい順に……と思ってしまうわけだ。そんなふうだから、この会社でどんなスキルが磨けるのかもイマイチわからない。

我が社の何が強みで何がウリなのか、社員の私ですらわかっていないのだから、クライアントさんはもっとわからないだろう。今すぐやめたい、という理由にまではならないけれど、モヤモヤしたまま時間が流れているのが現状だ。そして、売り上げは順調に下がっている。お給料に影響するのも、時間の問題だろう。この会社は、いったいどこへ向かっているの……？ そして私は、いつまでこの会社にいるのだろうか……。

『会社の方向性が
不透明だ』
から楽しくない！

9 待遇が悪い

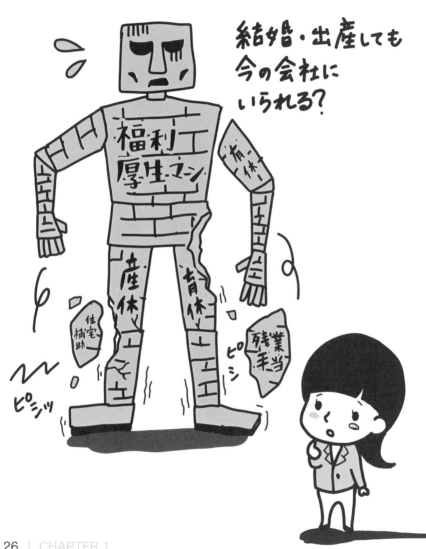

「中小企業」なんてくくりがあるけれど、うちの会社は社員がたった10人しかいない、超小さなIT企業だ。小さすぎて、「企業」っていうのも気が引けるレベル。氷河期に就活をしていた私に、内定を出してくれた会社はここしかなかった。

人間関係はよし、お給料は少ないけれど生きてはいけるレベル。肝心の仕事内容もまあ悪くない……だけど、問題は「福利厚生」ってやつだ。

定時をすぎて仕事をしていると、謎の振替制度によって翌日そのぶん勤務時間が短縮されるので、残業手当が出ない。電車が遅延して出社が遅れたら、遅れたぶんだけ居残りする必要がある。上司や先輩からの圧を感じるから、いまだに有給すらもとりづらい。住宅補助？ 都市伝説ですよね。

この会社しか知らないから、最初はこれが普通だと思っていた。が、どうやら友達の話を聞いたり、ニュースを見たりするとほかの会社は全然違うらしいことがわかってきた。

一番心配なのは、育休・産休だ。制度として存在してはいるものの、とれる気配がない。数年前に取得しようとしていた先輩もいたが、結局は社長と折り合いがつかず退職してしまった。数年付き合っている彼氏とはもうすぐ結婚しそうな気配だけど、もし子どもができたらどうするんだろう？ きっと私、仕事やめなきゃいけないよね。実家も遠いし。そうなったら、専業主婦？ 彼のお給料だけでやっていけるのかな？

ニュースによると、ある男性議員が育休をとるかどうかというハイレベルな問題でもめているらしい。が、私の世界には何ら関係ない。この会社の働き方改革、なんとかしてくれよ。つい、冷めた目線をテレビに送ってしまった。

制度つくっても活用できなきゃ　てみねーよ!!

『待遇が悪い』から楽しくない!

10 将来性を感じられない

AIにとってかわられる仕事が増えているらしい。知ってはいたけれど、まさか自分の仕事だとは思いもしなかった。

仕事から帰って、ごはんを食べながらテレビを見る。流し見程度だったが、ギョッとする情報が目に飛び込んできた。私の仕事である「プログラマー」は、10年後AIにとってかわられているかもしれないらしい。

「今すぐじゃないし、こんなのただの予想。大丈夫っしょ。」と楽観的に考える自分と、「いやいや……でも実際なくなったらどうするよ？」と不安に思う自分がいる。

私の勤め先は大企業だし、リストラなんて基本的にないだろう。親はもちろん、初対面の人だって「その企業に勤めているなんてすごいね！」と言ってくれるくらいなんだから。それに、プログラミング技術は「手に職」だ。勤め先という面でも、技術面でも、私は食いっぱぐれないものだと信じていた。

プログラマーになってからも、私はいろんな資格をとった。試験に通るのだって、簡単じゃなかったんだから！ 人の何倍も努力したのに、こんなのおかしいよ。詐欺じゃないの！？

仕事はもちろんイヤなこともあるけれど、それなりにやりがいもあると思うし、頑張ってもいる。けれど、10年後にはなくなる仕事だとしたら、一生懸命やる意味って何なんだろう。「転職」と検索してみたものの、転職先だってAIにかわってしまうかもしれないよね……。何が正解なの？ そして私は、どうしたらいいの？

転職

イミねーよ！！

『将来性を感じられない』から楽しくない！

11 成長してると感じられない

成長って何だろう？

事務というのはとにかく単調だ。いつも、やることは同じだから。今月はちょっと忙しい……という時期があるくらいで、やっていること自体は変わらない。

就活をしているときは、「働きやすさ」や「いつまでも続けられるか」などを気にしていた。最初はラクでいいやと思っていたけれど、最近になって「このままでいいのか……？」と疑問が芽生えてきた。

入社してそれなりに経っているから、後輩もどんどんできる。当然最初は仕事を教えるけれど、1年もすれば私が教えることは何もなくなる。デキがいい子なら、半年でいい。要は、その程度の仕事なのだ。

すべてがルーティーンだから、頭を使ったり、工夫をこらしたりする必要なんてまったくない。きっと、入社してからの成長度合いをグラフで表現すると一直線だ。下がりこそしないが、上がってもいない。

総合職で入社した同期は、最初こそ大変そうだったものの、今となっては会社の主力を担うのではないかと思う子もいる。きっと、その子の「成長グラフ」は右肩上がりだろうな。理想そのものじゃないか。それに引き換え、私はまったりと事務をしているだけ。仕事自体は1年目のころからずっと一緒だから、できることが増えたな、なんて実感を持てたことはない。成長って、なんだろう？

『成長していると
感じられない』
から楽しくない！

12 仕事にやりがいがない

　「やりがいのある仕事」とスマホに打ちこんで、検索してみる。「楽しい仕事ランキング」や「やりがいを感じられる仕事10」といった記事が並ぶ。上位は医師や弁護士、コピーライターといった華々しい職業が目白押しだ。プログラマーや美容師さんもいいな。手掛けた仕事が目に見えるというのは、感動もひとしおだろう。こんな仕事ができれば、やりがいもありそうかも。もちろん、どの仕事も就けそうにないけれど。

　ざっと目を通してみたけれど、やっぱりどの記事にも私の仕事は載っていない。そりゃそうか……。マジでつまんないもんな。
　私は総務部で働いている。会社はそれなりに大きいが、とにかくやりがいというものがまるでない。
　健康診断をセッティングしたり、消耗品を管理したりするなんて、教えれば中学生でもできるんじゃないだろうか。いや、しっかりしている子なら、小学生でもいいかも……。そんなふうに考えてしまうくらい、毎日が単純作業の繰り返しだ。

　それに、とにかくクレームやお願いが多い。「社内報チェックはまだ？」「社内行事なんて、なんでやるの？」「契約書の件、修正しておいて」……。本当にうんざりする。クレームはしっかりと言われるのに、お礼を言われたことなんてほとんどない。なんて割に合わない仕事だろうか。それでもまだ「やりがい」ってものを感じられれば、そんなことは気にならないのだろうけど、私にはそれもない。小学生でもできそうな仕事を、今日もこなしている。一日あれば、私のかわりが100人は見つかりそうだ。

　私の仕事って、人の役に立っているのかな……？

もっと感謝されたいの！

『仕事に
やりがいがない』
から楽しくない！

性を
れない

待遇が
悪い

の方向性が
不透明

大丈夫ですよ！
一緒に考えましょう！

るの？

ムリだよ

CHAPTER 2

何のために
あなたは働いて
いるのか?

1 働く目的は何ですか？

目的はなくても働ける

　「なんのために働いているのか、考えてみてください」と言われたら、あなたはどう返しますか？ 必死に、目的を探してみるのではないでしょうか。

　実は、働くにあたって、目的が絶対に必要かと言われればそんなことはありません。現にほとんどの方は、はっきりとした目的を持たずに働き続けているのではないでしょうか。目的が何もなくても、ただ働き続けることは可能です。

「なぜ働くのか」を考えるときはネガティブなとき

　自発的になぜ働くのかを考えるタイミングは、おそらく仕事に対してなんらかのネガティブな感情が湧いてきているときでしょう。

　たとえば、人間関係がうまくいかなかったり、思うような結果がなかなか出なかったり、自分のせいではないことで叱られてしまったり。

　仕事をしていて疲れてくると、「なぜ」「辞めたい」「イヤだ」「私だけ」といった感情が芽生え、そこから「なんのために……」という考えに至ってしまいがちです。

ポジティブなときも考えてみて

　とはいえ「なんのために……」と考えるのは悪いことではありません。しかし、できれば仕事が好調なときや、いい結果を残しているときに「なんのために働いているのか」を考えてみてください。そうすると、「夢」「目的」「仕事で得られる価値」など、ポジティブな面が見えてくるのです。

2 働くのは「お金」のためですか？

9割以上の人が お金・生活のために働いている

アンケート：あなたが働く理由は？

お金（生活のため）95%

家族がいる人は特にそうだね。

お金のため。まずはここからスタート。 で、今は？

あなたの頭のなかに浮かぶ2文字

いまここで、働く理由を改めて考えてみてください。そうなると、あれこれいろんな考えがあらわれてきませんか。そのなかでもある2文字は、特に頭のなかにデカデカと浮かぶはず……そう、「お金」です。

9割以上の人が「お金や生活のため」に働いている

人材派遣会社がおこなった調査によると、同じ質問をされた際は実に95%以上の人が「お金のため」だと回答しているそうです。お子さんや配偶者のいる方はなおさらで、「家族のため」という答えをされる方もいらっしゃるでしょう。その回答をさらに突き詰めると「家族の生活を支えるため」ですよね。

95%ですから、ほぼ全員がお金・生活のために働いていると言っても過言ではありません。崇高な目的のために働くことができればもちろん素晴らしいですが、生きていくためにはどうしたってお金が必要ですよね。

働きはじめたあとは、どうですか?

このように、お金のために働くというのはまったく悪いことではありません。まずは「お金」。働く理由はここからスタートする、そういうものかもしれません。

そこで、考えてみてほしいのが実際に働きはじめたあとはどうか? ということです。

お金や生活のために働きはじめたけれど、現在はいかがでしょうか。そのためだけに、ずっと働き続けることはできそうですか? ぜひ一度、考えてみてください。

3 なぜ働こうと思ったのですか？

働き始めたきっかけ
1位は『なんとなく』

面接を思い出してみよう！

いやいや、ホントは
みんなが就活
やってるから
ですよ〜

御社を希望したのは
仕事内容にやりがいを〜
社会の役に立てると〜

ペラ

ペラ

学生サイフー

口ではカッコいいことを言うけれど

あなたが働きはじめたきっかけを、ぜひ思い出してみてください。「日本をよりよくしたい」「この製品があれば、日本が変わると思った……」就職活動や面接のなかでは、そんな言葉を述べたかもしれませんね。

しかし、きっと心のなかでは違うはずです。

本心は「ずっと学生でいたい！」

本当のきっかけは「大学3年生になって、就職活動が始まったから」「流れ的に、働かなければいけないと思った」「就職するのが普通だと思っていた」「みんなそうだから」……こんなところではないでしょうか。

面接中には聞こえのよい言葉を発しながらも、本心では「あー、できればずっと学生でいたいなぁ……」と思う人は実に多いものです。

仕事に楽しさを見出せないのも無理はない

理由にいろんなバリエーションはあっても、まとめるとだいたいの人が「なんとなく」働きだす。これが日本の現実なのです。そして、働き始めたきっかけが「なんとなく」では、なかなか仕事に楽しさが見出せないというのも無理はありません。大変だ、辞めたい…と思うのも、至って普通のことなのです。

しかし、この本を手にしてくださったあなたは、きっと前向きに仕事と向き合いたいと思われていることと思います。その気持ちがあれば、絶対に大丈夫。一緒に頑張りましょう！

4 なぜ今の仕事を選んだのですか？

今の仕事を選んだ 理由は?

あなたが、今いる会社を選んだ理由は何ですか?

「そんなものないよ! 一刻も早く辞めたい! 」と今は思っているとしても、あなた自身がその会社へ出向いて面接を受け、合格までしているわけですから、なんらかの理由でその会社で働きたいと思ったはずなのです。

当時は魅力的に感じていたもの

その会社で働きたいと思った理由は給与面でしょうか? それとも、当時興味があった業界だったのでしょうか。または、福利厚生など、条件がよかったのでしょうか。もしくは、大企業ならどこでもよかった?

いずれにせよ、その会社を選んだ当時のあなたと、今のあなたは別人と言ってもよいほど違います。学生のときには見えなかったことが、社会人になってからの経験を通してどんどんクリアに見えるようになっていきます。

そのため、当時の自分が「よい」と思っていたものと、今の自分の間にはギャップが生まれているかもしれません。

自分の成長によってミスマッチが生まれることも

今、会社に対してネガティブな感情を持っているかもしれませんね。しかし、社会人経験が長くなってきた今、ゼロだった自分が選んだものと現在の自分との間では、ミスマッチが起こっていてもおかしくないのです。

5 「働く」を本気で突きつめてみよう！

働くことについて考える機会がない

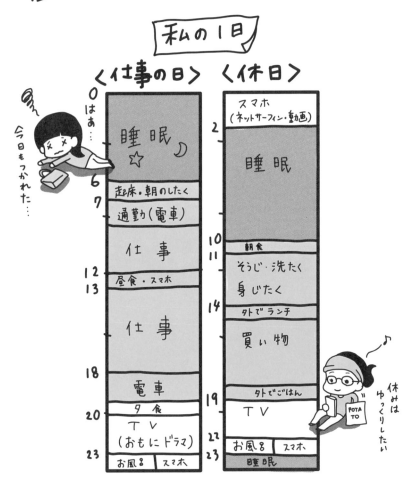

私の1日

〈仕事の日〉　〈休日〉

仕事について考えたことはありますか？

　根本的に「なぜ働くのか」ということについて考えたことはありますか？　おそらく、ほとんどの方が明確な答えを持っていないでしょう。それが悪いと言いたいわけではありません。むしろ、普通のことです。

8時間労働では、考える時間がないのは普通

　ほとんどの方は、一日のうち8時間を仕事にあてていますよね。そこに通勤時間や身支度の時間なども入れると、少なくとも10時間以上を仕事にとられていることになります。さらに、残業がプラスされると……気力も体力もほぼ残らないでしょう。

　そんな忙しい日々を過ごすなかで、働くことについて考えられないのはある意味当然なのです。

大学のためには予備校があるのに……

　それに、働くことについてどう考えればいいかを教わったことがないというのも大きいでしょう。ほとんどの方は、大学受験の際に1年以上予備校に通って勉強されたことでしょう。4年間の大学生活のために、1年以上をかけて勉強しているのです。

　しかし、仕事についてはいかがでしょうか。40年以上も働くはずなのに、それについて勉強したり、教えてくれたりする場所はほとんどありません。考えてみれば、ちょっとおかしな話ですよね。そのため、働くことについて考える方法がわからない……というのは、むしろ普通のことなのです。

楽しく働きたいのなら、ぜひ考えてみて

　もし、あなたが楽しく働きたいと考えているのであれば、一度「なぜ働くのか」「働くとはどういうことなのか」について、考えてみていただきたいと思います。正しい答えというものはありませんが、楽しく働くためのヒントにつながりますよ。

6 仕事が楽しくなるかは、あなた次第！

自分が自分の リーダーに なろう！

さあ、楽しい人生にするよ！

周囲に期待しても
何も変わらない
↓
自分が変わるしかない。
自分しか変えられない!!

仕事を楽しくするのは
あなた次第！

人生の主人公はあなたです

ふだんは忘れてしまいがちですが、あなたの人生の主人公はあなたです。自分が主人公なのですから、どんなふうに働いて、どんな人生を送るのかも、あなたが決めてよいのです。

自分が自分のリーダーになろう

すべてを自分で設計できることが人生の醍醐味なのですから、できるだけよい方向に向かったほうが楽しくありませんか?

そして、よい方向へ向かう際には、自分が自分のリーダーになることが欠かせません。

自分が自分のリーダーになるということは、自分で自分を律したり、目的に向かって自分を導いたりする必要があります。少し難しく感じるかもしれませんが、こうしていくことであなたはどんどん成長していくのです。

周囲が変わるのを待っていても、何も変わらない

「会社がもっとこうなれば」「あの人さえ、やさしくなってくれたら」そんな考えが頭に浮かぶ日もあるでしょう。

しかし、これは断言できますが、周囲に期待していても何も変わりません。何かを変えたいのであれば、自分が変わるしかないのです。ですから、自分を変えることに集中してください。

繰り返しになりますが、あなたの人生の主人公はあなたです。自分が自分のリーダーになって、働く時間も楽しみに変えてしまいましょう!

CHAPTER 3

仕事を突きつめて
考えると
見えてくるもの

1　「働く」ことで「大人」になれる

一人前の大人＝『自立』とは？

身体的自立
健康であるか？

経済的自立
独り立ちしているか？

技能的自立
給料以上の働きができているか？

自らを立たせる

反対語は → 依存

自分の足では立てないいずれ破綻する

働く＝人が動く

「働く」ことは大人の第一歩。

一人前の大人とは、自立している人である

　人は、いつから大人になるのでしょうか。成人したら、と考える人もいるかもしれませんが、それは違います。実は年齢とはまったく関係なく、大人とは「自立した人であること」が条件です。

自立の条件

　では、「自立」とはどういった状態を指しているのでしょうか。それには、3つの条件があります。
- ・身体面　健康であること
- ・経済面　独り立ちをしていること
- ・スキル面　給料以上の働きができること

この3点がクリアできていれば、あなたは自立していると言えます。
　自分の力で心身の健康を保ちながら、誰かの役に立っている……。その状態でいるためには、「働く」ことが非常に大切なのです。

自立の反対は依存

　3つの条件を見てもわかる通り、自立とは「自分の足で立っている」状態です。自立と反対の意味である「依存」は、誰かに寄りかかった状態を指します。依存状態だと、自分の足で立てているとは言えません。そのため、依存先を失うと倒れてしまうのです。

働くという漢字の意味

　「働く」という漢字を分解すると、「人」が「動く」です。この「人」とは、「大人」を意味しています。だからこそ、働くことは大人への第一歩になるのです。

勤労の義務

　日本には、勤労の義務が存在しています。あとで詳しく述べますが、あなたが日本で暮らしていく以上は、日本のルールを守る必要があるのです。

2 仕事を通じて「人生」は回っている

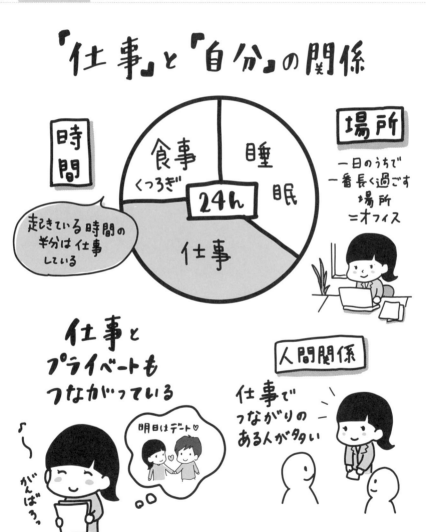

「仕事」と「自分」の関係

時間

食事
くつろぎ

24h

睡眠

仕事

起きている時間の半分は仕事している

場所

一日のうちで一番長く過ごす場所＝オフィス

仕事とプライベートもつながっている

明日はデート♡

〜♪ がんばろ。

人間関係

仕事でつながりのある人が多い

仕事は時間・空間・人間関係を占有する

8時間労働の場合、起きて活動している時間のうち、半分は仕事をしています。半分といわれると、相当な時間を仕事に使っていると実感できますよね。

実は、仕事が大きな割合を占めているのは、時間だけではありません。「場所」や「人間関係」の占有率にも、仕事が大きく関係しています。

過ごす場所や人間関係にも仕事が関係している

会社で働いている場合は、オフィスにいる時間が一日のうちでも長くなるでしょう。あなたが過ごす場所の半分を決めるのは、仕事というわけです。

人間関係も同様に、接する機会がもっとも多いのは仕事でつながりのある人たちですよね。一日を振り返って仕事以外で会った人を数えてみると、家族だけだった……なんて、よくあることです。一方、仕事関係で会った人は、思い出しきれないくらい人数が多いのではないでしょうか。

仕事とプライベートはつながっている

さらに、仕事は精神面をも占有します。仕事がうまくいかなくて悩んでいると、プライベートでもなんとなくテンションが下がってしまうこともあるでしょう。でも、仕事がうまくいっていればプライベートも楽しめたりしますよね。

また、プライベートで楽しいことがあったら、仕事も頑張れる……というように、プライベートと仕事は、はっきりと二分できるものではありません。どちらもお互いに影響しあっているのです。

3 「仕事」と「ボランティア」は ぜんぜん違う

他人から評価され、報酬をもらうのが「仕事」

ボランティア		仕事
もらわない ◀	お金	▶ もらう
自分 ◀	評価者	▶ 他人
なし ◀	管理	▶ あり
なし ◀	報告義務	▶ あり

誰にも文句を
いわれずに
自分の好きなことを
やって満足する。

責任をもって
相手に価値を
提供する必要が
ある。

街を
キレイに。

ありがとう！

「仕事」と「ボランティア」、いったい何が違うのか？

　仕事とボランティアの違いは「お金をいただくかどうか」です。

　仕事には報酬が発生しますが、ボランティアには、対価を支払うお客さまはいません。だから、ボランティアではサボることもできますし、作業をする際に効率性を考える必要もありません。

仕事はそうはいきません

　たとえば、震災時に発生するガレキの撤去作業。たとえボランティアの人がサボっていたのを目撃したとしても、きっと、文句を言う人はいません。しかし、これが自衛隊や建設会社だったらどうでしょうか。そんな姿を目撃されたら、クレームが殺到することになりかねませんよね。

だからこそ、責任を持とう

　繰り返しになりますが、「仕事」と「ボランティア」の境目は「お金をいただくかどうか」です。

　もし、あなたが対価としてお金をもらっているのなら、責任を持って相手に価値を提供しなければいけません。要するに、人に喜んでもらえて、初めてお金を得ることができるのです。

評価するのは他人である

　そして、お金をもらう以上は、「あなたの仕事の評価をするのは他人である」ということも忘れないでください。65ページでくわしく説明しますが、お金をもらっているのなら、相手のルールに沿った仕事をするのが当たり前なのです。

　いくら自分で「私の仕事には価値がある」と思っていても、お客さまに評価されなければ、お金をもらうことはできません。やったことがお金にならなければ、あなたはボランティアをしているにすぎないのです。

4 ズバリ！仕事とは「付加価値」をつけること

Before → Afterで何らかの価値をつくること。

① A → A±
価値
増加 / 減少
向上 / 低下

② A → B
価値
変更 / 編集
変質 / 改造

③ 0 → 1
価値
新規 / 発見
発明 / 独自

自分ならではの価値を見つけよう！

仕事とはBefore →After を作ること

　何かを変化させたり、プラスアルファの価値をつけたりする。それこそが、仕事です。たとえば、レストランがイメージしやすいでしょう。食材をおいしい料理に仕上げて、心地よい空間で提供する。その味や雰囲気に価値があるからこそ、私たちは喜んで支払いをするのです。

　After の状態を作り出してこそ、お金が発生するという仕組みは、どんな仕事もまったく同じです。

じゃあ、こんな仕事はどうなの？

　このように説明すると、いわゆる「仲介業者」は、モノを何の変化もさせていないのに、なぜお金がもらえるのかと疑問を持つ方もいます。

　たとえば、不動産の仲介業者は、売り手と買い手をつないでいるだけで、家自体にはなんの手も加えていません。彼らは、どのような価値を提供しているのでしょうか。

価値の形はそれぞれ

　家をはじめとする大きなものを売買するときには、素人同士でやりとりをするとトラブルが起こりかねません。もし、契約書に不備があったら一大事です。しかし、間にプロが入っていれば、そのようなトラブルは未然に防げるため、安心感が生まれます。仲介業者の場合は、そうした安心感こそが価値なのです。

価値を生み出さなければ終わる

　仕事の対価、つまりお金がほしければ、会社やお客さまに価値を提供してください。

　「AI に仕事が奪われる」と叫ばれて久しいですが、ロボットでも提供できる価値の仕事なら、どんどんなくなっていくでしょう。しかし、逆に考えれば、人間だからこその価値を提供できれば、あなたの仕事が失われることはないのです。

　自分ならではの価値を、どんどん見つけていってくださいね。

5 仕事は「人間関係」で できている

< 縦・ヨコ・ナナメの人間関係 >

この一人一人にも それぞれの「たて・ヨコ・ナナメ」の 関係がある

他部署の人　上司　別の課の人

同期　私　同期

別の課の人　部下　他部署の人

仕入先 → 自社 → 納入先

仕事はあらゆる人が 関わるもの。 一人で完結するものはない。

→

人間ならではの価値 ＝ コミュニケーションが大事!!

縦・横・斜めの人間関係を理解しよう

あなたを中心として、仕事上で関わる人の相関図を思い描いてみてください。その際に、縦・横・斜めの人間関係を意識してみてほしいのです。

会社で働いている場合、縦の人間関係は、上司・あなた・部下になります。横の人間関係とは、同僚や同期。斜めの人間関係は、他部署や別の課に属している人ということになります。

人間関係は個々に存在する

この人間関係は、あなただけが持っているものではありません。あなたの上司も部下も同僚も、さらには取引先の人も、それぞれが、縦・横・斜めの人間関係を持っています。仕事は、この関係が絡み合っているなかで、発生するのです。関わる人みんなが、それぞれの人間関係を持っていると意識して仕事をするだけでも、あなたの働きぶりは少しずつ変わっていくでしょう。

仕事と人は切っても切れない

ときどき、「人と関わりたくないから、ものづくり職人をしています」とか「一人で作業できるので、エンジニアになりました」と言う人がいます。

この考え方を否定するわけではありませんが、一人で完結する仕事というものは存在しません。ものづくり職人には、作ったものを買ってくれるお客さまが存在します。エンジニアには、お金を払ってプログラミングを発注してくれる人が必ずいるはずです。このように、仕事をするうえで、人とのつながりは切っても切れないものなのです。

最後に勝つのは、コミュニケーションができる人

プログラミングやエンジニアといった仕事は、AIに取って代わられる仕事だと予測されています。同じ仕事をするのであれば、機械のほうが正確なうえ、コストパフォーマンスもよいでしょう。しかし、そこで人間ならではの価値をプラスすることができれば、何らおびえることはありません。人間ならではの価値とは、要するにコミュニケーションです。よい人間関係を築いている人であれば、ずっと生き残ることができるのです。

6 仕事には「ルール」が存在する

ルール = 秩序

明文化されている社内ルール

- 9時に出社する
- タイムカードを押す
- 毎朝予定を確認
- 退社時には上司に報告をする

社則などわかりやすいもの

明文化されていない社内ルール

- 休憩時間以外の喫煙はNG
  ……OKな部署もある
- 毎日トイレ掃除をする
  ……気がついた人がしている
- 上司や先輩より先に出社

空気を読む暗黙の了解

なるほどー

まずはルールを知ろうとすることが大切!

ルールとは共通認識であり、秩序である

　仕事をするうえでは、必ずルールがあります。社則などはわかりやすいですが、「暗黙の了解」といった明文化されていないものまで、さまざまです。言い換えれば、ルールとは「共通認識」であり「秩序」なのです。

ルールは縛るために存在するのではない

　ルールという言葉を使うと、私たちを縛るために存在するものだと思われがちですが、実際は真逆です。ルールは、私たちが働きやすくなるために存在しているもの。

　たとえば、日本では「人を殺してはいけない」というルールが存在します。このルールが定められ、かつ守られているという前提があるからこそ、私たちは安心して外を出歩くことができますね。

　仕事も同様で、共通認識があるからこそ、お互いが安心して取引をしたり、うまく他人と関わったりすることができるのです。

明文化されているものと、されていないもの

　先ほども少し触れましたが、ルールには明文化されているものと、そうでないものがあります。明文化されているものはもちろんですが、明文化されてないルールをも守る、いわゆる「空気を読む」ことも大切です。

　たとえば、喫煙のために外に出るのはOKという部署と、休憩時間以外に喫煙するのはNG、という部署や課が同じ会社のなかに存在するのは珍しくありません。もし、NGな部署にいるのであれば、たとえ明文化されていなくても、就業中の喫煙は我慢するべきでしょう。

　なぜなら、「仕事とボランティアの違い」でも説明しましたが、あなたがお金を会社からもらっている以上は、その場のルールを守ることが必須だからです。

ルールを知ろうとすることが大切

　会社のルールだけでなく、個人的なものもあるでしょう。いきなり、すべてのルールを知ることはできません。しかし、まずは知ろうという努力が大切なのです。

7 あなたの仕事を評価するのは「他人」

評価をするのは他人

（お金を払う人）上司・取引先

他人のルールを知ろう！
- 都合のいいタイミング
- 都合のいい連絡方法
- 欲しいもの（結果）

他人のルールを守ろう！

堂々と

誠実に

さっきさん いいプラン タタいな…

今度の広告プランです！

あなたへの信用度
高
↑
低

プレゼン

仕事のためよ

「評価」を得るために「信用をコツコツと積んでいこう！

仕事への評価は他人がするもの

あなたの仕事ぶりや結果について、評価をするのは他人です。

なぜなら、お金を払うのはあなたではなく他人だからです。他人とは、上司のこともあれば、取引先の方やお客さまだということもあるでしょう。いずれの場合も、「仕事の評価は自分がするのではない」ということは覚えておいていただきたいと思います。自分の仕事ぶりを自分で評価しても、お金が発生していない限り、それは自己満足にすぎないのです。

他人のルールを守ろう

仕事としてお金をいただく以上は、それに見合った価値を相手に提供しなければなりません。そのためには、相手が求めるものを知ることと、相手のルールを守ることが必要になります。

スポーツでも、ルールを知らずに試合に出ても絶対に負けてしまいますよね。それと同じです。仕事での勝利（＝対価）がほしければ、相手のルールにのっとって働くのが原則です。求めているものやルールがすぐにはわからなくても、知るための努力を怠ってはいけません。

堂々と働こう

さらに、大切なのはコソコソしないことです。たまに、隠れて仕事を進めようとする人がいますが、他人からは何をしているかがわかりにくくなります。自ら評価されづらい環境を作ってしまっているので、必然的に評価は得られなくなってしまうでしょう。

誠実な仕事を心がけよう！

「私はアピールするのが下手だから、不利かもしれない」などと考える必要はありません。誠実な仕事をしてさえいれば、必ず誰かが見ていてくれるからです。過剰にアピールをするのではなく、仕事のルールを守りながら誠実に働くようにしましょう。

コツコツと信用を積み立てていくのは、一見遠回りしているように思えます。しかし、結局はこれこそが一番の近道なのです。

8 仕事は「信用と信頼」で成り立っている

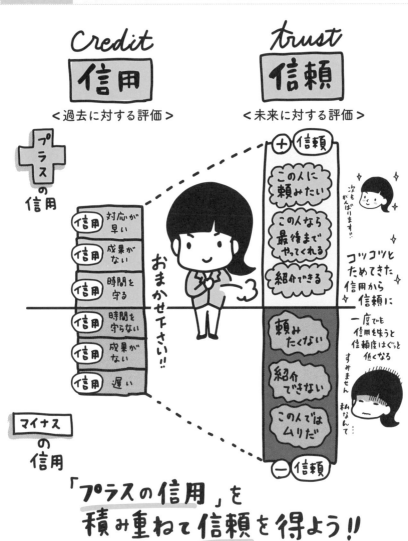

Credit
信用
<過去に対する評価>

trust
信頼
<未来に対する評価>

プラスの信用

信用　対応が早い
信用　成果がない
信用　時間を守る
信用　時間を守らない
信用　成果がない
信用　遅い

おまかせ下さい!!

⊕ 信頼

この人に頼みたい
この人なら最後までやってくれる
紹介できる

頼みたくない
紹介できない
この人ではムリだ

⊖ 信頼

次もがんばります!!

コツコツとためてきた信用から信頼に

一度でも信用を失うと信頼度はぐっと低くなる

すみません 私なんて…

マイナスの信用

「プラスの信用」を積み重ねて信頼を得よう!!

信用と信頼の違い

仕事はどんなものであっても、必ず信用と信頼によって成立しています。

信用と信頼、非常によく似た言葉ですが、意味はまったく違います。信用とは過去のおこないに対する評価であり、信頼とは未来に対する期待を指します。どちらも仕事をするうえで、なくてはならない大切なものです。

わかりやすいのが、クレジットカードです。信用を意味する「credit」という単語が使われている通り、クレジットカードを発行する際には、カード会社が「信用調査」をしますよね。これまでに支払いを滞納していないかなど、あなたの過去の行いを見て、この先お金を貸せるかどうか、つまり「信頼」できる人かどうかを調査しているのです。

信用を積み重ねることが、信頼につながる

仕事をしていると、あなたへの信用が蓄積されていきます。たとえば、「嘘をつかない」「時間通りに必ず来る」など、行動への評価がそれにあたります。

このような、当たり前に見えるちょっとした努力をコツコツと積み重ねることが、未来のあなたへの信頼を生んでいきます。そして、信頼が生まれて初めて、責任のある仕事をさせてもらえるようになるのです。

信用にはプラスとマイナスのものがある

信用は、あなたの行動によって作られていきます。プラスの行動をしていれば、プラスの信用が積み重なりますが、マイナスの行動をしていれば、マイナスの信用が積み重なってしまいます。

たとえば、あなたがいつも遅刻をしているとします。すると、あなたへの評価はだんだん「この人はどうせ時間通りにこない」「約束を守らない」といったものになっていくのです。これでは、信頼が生まれるはずもありませんよね。

プラスとマイナスの信用の違い

さらに、プラスの信用は積み重ねるのが難しいうえ、時間がかかるのに対し、マイナスの信用は一瞬で簡単に蓄積します。どんなにいい彼氏だったとしても、一度でも浮気をすると信用が一気になくなってしまいますよね。それと同じです。

9 信頼される人になるために欠かせない要素

プラスの信用を積み重ねるには?

「自主性を発揮する」こと
=
まずは任された
ことを自らきちんとやる。

「信頼される人」になろう。

プラスの信用を積み重ねよう

　プラスの信用を積み重ねるためにできる行動は、数えきれないほどあります。しかし、すべての行動は「自主性を発揮すること」と一言でまとめられます。自主性を発揮すれば、プラスの信用をどんどん積み重ねることができるのです。

自主性とは何か

　自主性とは、簡単に言えば「任されたことを自らきちんとやる行為」です。
　たとえば、新入社員のうちは、誰しも簡単な仕事からスタートしますよね。コピーをとったり、議事録をつけたりした経験は、誰しもがあるでしょう。そのような小さい仕事でも、決められた・与えられた役割を自ら率先してやることが、自主性なのです。
　逆に、小さな仕事だからといって、任されたことをやらなかったり、イヤイヤやっている態度が見えていたりしたら、どうでしょうか。そのような人が信用されないということは、おわかりいただけると思います。当然、信頼につながることはありません。

信用を積み重ねるためには、自主性を発揮しよう

　自主性を発揮すると、信用がどんどん積み重なります。先ほどの例でいうと、まずはちゃんとコピーをとるという仕事ができて初めて、「次はこの仕事を任せてみよう」と、どんどん責任のある仕事や、自由度の高い仕事を任されるようになっていきます。
　つまり、自由度の高い仕事をしたいと思うなら、コツコツと信用を積み重ねるしかないのです。
　繰り返しになりますが、「責任がある仕事をもらえなくてつまらない」「もっと自分がメインとなって動きたい」と考えている人は、まずは与えられた仕事のなかで自主性を発揮し、信用を積み重ねていきましょう。

10 主体性こそが信頼の証

働く目的

"主体性"
自分で考え、決断
責任を持って行動

信頼
信頼
信頼
信用
信用
信用
自主性 自主性 自主性 自主性 自主性 自主性 自主性 自主性

これまで
積み上げできた
信用・信頼
＝
主体性を
発揮できる
範囲
↓
大きければ
大きいほど
仕事が楽しくなる!

仕事だけでなく、人生においても同じ。

信頼は主体性によって決まる

　ここからは、信頼についてもう少し掘り下げていきましょう。信用の積み重ねによって信頼が生まれると「主体性」につながります。主体性は仕事をするうえで、非常に大切なものです。しかし、主体性とは、いったい何なのでしょうか?

主体性とは何か

　主体性とは、自分で考え、決断し、責任を持って行動していくことです。自分がしたことに対し、自ら責任を負うのはリスクをともないます。企業のなか、特にリーダー格の人には、もっとも求められているものでもあります。

　仕事においては「働く目的」を決めることが、主体性を発揮するための第一歩です。

　目的を決め、責任を持って行動していくことで、主体性を発揮できるようになります。そして、主体性を発揮すればするほど、楽しさも比例していくでしょう。

　ただし、仕事において主体性を発揮できる範囲は、あなたがこれまでに信用・信頼をどれくらい積み重ねたかに応じて変わります。信頼を積んでいればいるほど、主体性も大きく発揮できるようになるのです。

人生のリーダーになろう

　仕事だけでなく人生も、すべてにおいて主体性をいかに発揮するかが、楽しさを決めていくと言ってもいいでしょう。

　ここで考えてみてほしいのですが、あなたは、自分の人生のなかで主体性を発揮できていますか?「いや、私はリーダーじゃないし……」と思われるかもしれませんが、あなたはあなたの人生における、唯一のリーダーです。ここでぜひ、主体性を発揮してほしいのです。そのためには、「どんな人生を送りたいのか?」「人生でどんなことを成し遂げたいのか」といったように、目的を明確にしてみてください。

11 「信用」をこつこつ積めば「人財」になる

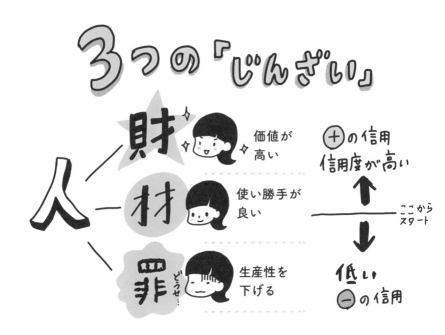

3つの「じんざい」

人
　財　価値が高い
　材　使い勝手が良い
　罪　どうせ… 生産性を下げる

＋の信用
信用度が高い

↑
ここからスタート
↓

低い
－の信用

あなたが目指したいのは
人財？それとも人罪？

人財・人材・人罪の違い

人財・人材・人罪。これらは「じんざい」と同じ読み方をしますが、漢字が示す通り、それぞれの意味はまったく違います。

- **・人財** … 価値が高く、会社に貢献する。替えのきかない優れた人。
  割合として、もっとも少ない。
- **・人材** … 会社にとって使い勝手がよい。木材のように加工できる
  ＝成長の可能性を期待できる人。
  もっとも高い割合を占める。
- **・人罪** … 会社に迷惑をかけたり、生産性を下げたりする。
  代替したい人。人材の次に多い。

さて、あなたは自分がどれに当てはまると思いますか？

みんな最初は「人材」から始まる

新入社員として入社した当時は、みんな「人材」からスタートします。会社は、あなたが成長する可能性を持っていると思うからこそ採用してくれたのです。

そこから、プラスの信用を積み重ねていくか、マイナスの信用を積み重ねていくかによって、あなたが「人財」になれるか「人罪」になるのかが決まります。どうなるかは自分次第です。

さて、あなたが目指したいのは、「人財」でしょうか？ それとも「人罪」ですか？

貴重だからこそ、人財です

「人材」が割合として最多で、2番目に多いのが「人罪」そして1番少ないのが「人財」です。

「財」という漢字が示す通り、人財は貴重だからこそ宝なのです。宝になるかどうかを決めるのは、「プラスの信用の積み重ね」という一言に尽きます。ぜひ、人財を目指して仕事に取り組んでみてください。

12 コミュニケーションコストを意識していますか?

『コミュニケーションコスト』とは

思考や情報の共有にかかる
時間的、経済的、心理的コスト

報告がない

電話に出ない

返事がない

仕事頼みにくい

イライラ
イライラ

高い状態

生産性低下

リスク発見の遅延

仕事の一極集中

人間関係悪化

相手の立場に
なって考えること

コミュニケーションコストが低いと
人間関係もよくなる
◇生産性が上がる◇◇

コミュニケーションコストとは、
目に見えない経済的・精神的なコスト

　仕事を円滑に進めるためには、コミュニケーションコストの削減が欠かせません。コミュニケーションコストとは、目に見えない経済的・精神的なコストのことです。たとえば、上司の決裁をあおがなければいけないのに、なんだか機嫌が悪そうでなかなか声をかけられない。取引先の人から返事がもらえないことで仕事が進められない……。このような経験はありませんか？

　こうした理由で不安になったり、ムダに悩んでしまったりする時間が増えてしまうと、本来なら仕事にあてられた時間を上手に使えず、生産性が下がってしまうのです。このように、経済的・精神的に負担を与え、仕事の生産性を下げる行為はすべてコミュニケーションコストにあたります。

コミュニケーションコストを下げよう

　まずは相手の立場になって考えることで、コミュニケーションコストは下げることができます。

　先ほどの例でいうと、機嫌の悪さを顔に出さない、メールの返信は早くするといったことがそれにあたります。ほかにも、頼まれごとをしたときは嫌な顔をしない、ちゃんと話を聞いているという態度を示す、ホウレンソウ（報告・連絡・相談）をきちんとする、といったことも挙げられますね。

働き方改革の時代だからこそ、
コミュニケーションコストはとても大事！

　いつも皆がニコニコと穏やかで、やりとりがスムーズな環境はコミュニケーションコストの低い環境だといえます。そのような職場は人間関係もよく、嫌な思いをすることもないので、生産性が上がります。そうすると、自然と仕事の結果が出やすくなっていくのです。

　働き方改革が叫ばれ、労働時間がどんどん短縮されています。短い労働時間のなかで成果を上げるためには、コミュニケーションコストの見直しが欠かせません。ぜひ、意識して取り組んでくださいね。

13 最大の報酬は「次の仕事」につながること

次の仕事の機会こそ 最大の報酬

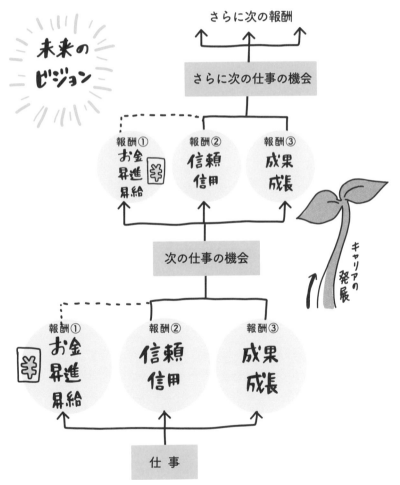

仕事の報酬は、お金だけではない

「仕事の報酬はなんですか？」と聞かれたら、あなたはなんと回答しますか？
きっと、挙げられるのは、

　・お金　・昇進　・成果　・自己成長　・信用　・信頼

あたりだと思います。

しかし、これらよりもさらに大きな報酬が存在します。それが、「次の仕事の
機会」です。

「次の仕事の機会」こそが最大の報酬

　もちろん、お金や昇進、成果や成長、それに信用と信頼も立派な報酬です。し
かし、「次の仕事の機会」が最大の報酬である理由は、その他の報酬すべてが重
なり合って生まれるものだからです。

　よい仕事をして初めて、自分が成長します。そこからさらに信用と信頼が生
まれるからこそ、「次も仕事を任せよう」と思ってもらえるのです。そうして、次
の仕事の機会がまた自分を成長させ、信用と信頼を生む……。このように、次の
仕事の機会があることで、よいスパイラルが生まれていくことになります。

　金銭面でも同じことが言えます。給与がアップするのは、次の仕事の機会が
あり、しかも次の仕事をちゃんとやってくれるだろうという期待をされるから
こそです。

　このように、あらゆる角度から継続的に発展させていって初めて、ビジネス
はどんどんプラスに転じていくのです。

未来のビジョンが見える

　さらに、「未来のビジョンが見える」ことも大きな報酬です。

　誠実に仕事をしていると、「こういうことをやってみたい」とか、「こういうこと
ができたら幸せだろうな」など、未来のビジョンがだんだんと見えてくるもので
す。

　そのようなビジョンに沿って仕事を拡大していくことほど、楽しいものはあ
りません。ぜひ、お金以外の報酬も意識しながら、仕事を進めてみてくださいね。

14 「やりたいこと」と「世間のニーズ」は違う

「やりたいことで 成功するということ」

＼ イラストレーターになりたい！／

意思的	貢献的
自分のやりたいこと	顧客マーケットが求めるもの

働き甲斐

売れない…

お金にならない＝趣味やボランティア

ステキ‼ありがとう★

お金になるビジネス

あくまでお金を出すのは顧客

「自分の好き」を仕事にする？
他人のニーズ を仕事にする？

やりたいことでは、成功する確率が低い

　「好きなこと・やりたいことを仕事にしよう」というのが、昨今どうも流行しているようです。しかし、やりたいことをやるだけでは、成功したりお金を稼げたりする確率は非常に低いでしょう。なぜなら、多くの場合、「やりたいこと」は他人のニーズに合致していないからです。

あなたは、自分を天才だと言えますか？

　一部の成功者たちは「やりたいことをやっていれば、成功できました」と言います。しかし、それは全体の何パーセントでしょうか？冷たい言い方に聞こえるかもしれませんが、成功した人たちは、やりたいことと顧客ニーズがたまたまマッチしていただけにすぎないのです。しかもそれは、いわゆる「天才」と呼ばれる人たちがしたことです。

もう一度、お金の出どころを考えよう

　お金は、あなたが顧客や社会のニーズに応じて初めて生まれます。誰にも文句を言われず、自分の好きなことを好きにやって満足しているだけでは報酬は発生しません。それは、趣味やボランティアとまったく同じです。
　仕事をした結果、評価する＝お金を支払うのは、あくまでも他人です。だからこそ、仕事では他人のニーズを満たす必要があるのです。

やりたいことを仕事にするか、他人のニーズを仕事にするかはあなた次第

　やりたいことを仕事にする、というのを一概に否定するわけではありません。もちろん、他人のニーズとマッチしていれば、それは素晴らしいビジネスになるでしょう。実際に、上場企業の社長や、一部の天才は、それでやっていくことができていますし、覚悟があるのならそれもよいでしょう。
　ただ、それは認められるまで非常に時間がかかりますし、成功する確率があまりにも低いため、オススメはできないというだけです。自分の好きを仕事にするのか、それとも、他人のニーズを汲み取る仕事をするのか。それを決めるのは、あなたです。

15 仕事を楽しむために欠かせない要素

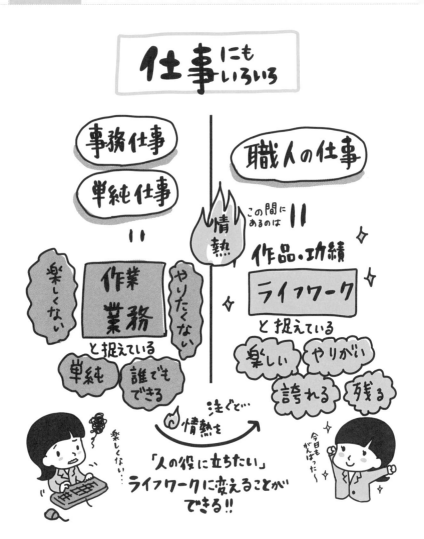

「仕事」の正体とは、いったい何？

　私たちは日ごろから、「仕事」という言葉をよく使いますね。「あの職人の仕事はまさにプロだ」「経費を処理する仕事はラクじゃない」「明日の仕事はイヤだ」など、ふだんあまり意識せずに口にしているかと思います。

　しかし、この3つの意味合いは、すべて異なります。違いがわかりますか？

「仕事」という単語は捉え方で変わる

　先ほどの例のなかで「あの職人の仕事はまさにプロだ」というものがありました。この「仕事」は、「作品」や「功績」と言い換えられないでしょうか。

　また、「経費を処理する仕事はラクじゃない」というのは「経費を処理する作業はラクじゃない」、「明日の仕事はイヤだな」は「明日の業務はイヤだな」と、それぞれ変換ができます。同じ「仕事」というワードでも、意味がこれほどまでに変わるのです。

あなたがしているのは、作業？ 業務？ライフワーク？

　「作品」や「功績」に置き換えられるような仕事は、「ライフワーク」に当たります。少なくとも、情熱がなければ「作品」や「功績」を生み出すことはできません。

　しかし実は、あなたが「作業」や「業務」だと思っているものも、ライフワークに変換することができます。先ほどの例でいうと、「私は経費を処理する仕事で人に貢献したい」となったとたんに、ただの作業がライフワークへと変わります。また、「明日の仕事はイヤだな」という言葉も同様で、「明日の仕事を通して、人々に感銘を与えたい」と述べれば、それもまたライフワークという意味合いを帯びます。

作業・業務・ライフワークをわけるのは情熱の有無

　例から、気づかれた方もいらっしゃるでしょうか。そう、「仕事」に「情熱」を注いでいるかどうかで、作業・業務・ライフワークのどれに分類されるのかが変わるのです。これは、言葉のあやではありません。ぜひ、みなさんも一度「仕事」をどのような意味合いで使っているか、ぜひ考えてみてください。

16 どうせなら「無限の楽しさ」を求めよう

「楽しい」と「楽しむ」

楽しい　外部から与えられるもの
＝
有限

楽しむ　自分で創り出すもの
＝
無限

仕事も楽しもう!!
「楽しむ」を創るは
誰でもできる!
楽しくない ⇒ 楽しい!!

一件入力終わったらお菓子を食べよう♪
カタカタ…

「楽しい」と「楽しむ」の違い

「楽しい」と「楽しむ」。似ているもののように感じますが、意味はまったく違います。実は、「楽しい」は外部から与えられるもの、「楽しむ」は自分で創り出すものなのです。

「楽しい」は外部から与えられるもの

外部から与えられるものに対して、受け身的にエンジョイする。これが「楽しい」です。もちろん、楽しめている間はよいのですが、楽しむ対象がなくなってしまったときは、悲惨です。

たとえば、応援しているアイドルが芸能界を引退してしまったら、どうなるでしょうか？ もう、そのアイドルを応援することで得ていた「楽しい」という気持ちは、二度と味わえなくなってしまいます。このように、「楽しい」は外部から与えられるため、有限なのです。

「楽しむ」は自分で創り出すもの

一方、「楽しむ」は、自分で楽しみを創り出す行為です。「楽しむ」は「楽しい」と違って、あなたがクリエイトしているため、無限です。

あなた自身の工夫によるものなので、たとえツラいことがあったり、環境の変化があったりしても、それを「楽しむ」に変換していくことは、誰でもできるのです。

仕事も、楽しもう！

お金を遣って「楽しい」思いをするプライベートとは逆に、仕事はお金をもらう行為なので、基本的に「楽しい」が降ってくることはありません。だからこそ、楽しむ力を使ってみてください。

やりたくないことや、好きではないことだからこそ、「楽しむ」を創り出してみてほしいのです。「仕事のここは楽しいかも！」と思える部分を自分で探していければ、それが、さらなる「楽しい」や「楽しむ」へ、必ずつながっていきます。

17 人から喜んでもらえる金持ちになろう

仕事を通じて豊かになろう!

豊かなお金持ちになろう!

懐が豊かになる

= 対価

お客さまに喜んでもらえる

= 心が豊かになる

働くことで心も懐も豊かになろう!

お金はもっと、稼いでいい！

「とにかく、お金がもっとほしいんだ！」そう思われる方もいることでしょう。それも、まったく悪いことではありません。悪くないどころか、とてもいいことです。

なぜなら、お金をたくさん手にしている人は、それだけの利益を他人に与え、貢献しているということだからです。だからこそ、豊かなお金持ちを目指してほしいと思います。

では、豊かなお金持ちとは？

豊かなお金持ちとは、他人に利益を与えてお金を得た人のことです。単にお金を目的とするのであれば、詐欺や強盗など、手段はいくらでも存在します。

しかし、本書をお読みの方は、そんな方向性を目指してはいないでしょう。あなたが働くことで人に喜んでもらい、それでお金を得ていただきたいのです。

人に喜んでもらえると得られるのは、金銭だけでなく、信用や信頼にもつながります。

そう、働くことは物質面だけでなく、あなたの人間力や精神面をも豊かにしてくれるのです。

ただし、評価をするのはあくまでも他人です

お金がほしくてガムシャラに頑張っているのに、なかなか対価が返ってこない……。そんなときは、「評価をするのは誰？」と自分に問いかけてみてください。

お金は、他人に利益を与えてこそ得られるものです。そのため、「評価をするのは常に他人である」ということを、頭に入れておきましょう。

18 仕事は「等価交換」の法則でうまくいく

等価交換

マイナスの等価交換

等価交換の法則

　自分が投資したものと同じだけのリターンを得られるという考え方が、「等価交換の法則」です。これは、仕事にもそのまま当てはまります。

　あなたが仕事のために投資した時間やお金、エネルギーなどが別のものとなり、同じ量だけ自分に戻ってくるというのが等価交換の法則です。つまり、自分が仕事に情熱を注げば注いでいるほど、収入や信用・信頼といったリターンも大きく戻ってくるのです。

裏・等価交換の法則

　しかし、これには注意点があります。それは「マイナスのエネルギーを注いでいると、マイナスのものが返ってくる」という点です。

　たとえば、仕事をサボりがちな人は、目に見えてお給料は変わらなくても、信用や信頼をどんどん失っています。そう、自分にマイナスのものが戻ってきているのです。仕事において等価交換の法則は絶対ですから、注意しましょう。

「ラクして儲ける」は存在しない

　また、「自分は頑張りたくないけれど、お金はいっぱいほしい！」という方がいます。そういった人は「ラクして儲ける」という詐欺に簡単に引っかかります。しかし、等価交換の法則を考えると、「ラクして大金」は成立しないとわかるでしょう。

「出しているのに返ってこない」はない

　ときどき「私はこんなに頑張っているのに、全然リターンがない！」という方もいます。この場合、考えられるのは2パターンです。
- 目に見えない信用や信頼がリターンになっている
- 評価する人は他人ということを忘れている

前者の場合は目に見えないから気がつかないだけで、しっかりとリターンは手に入っています。しかし、問題は後者です。仕事においてあなたの評価を決めるのは、他人です。お金は他人から発生しているのですから、当然ですよね。この悩みを抱えている人は、自分がどちらに当てはまっているのかを再考してみてください。

19 サラリーマンにとっての「お客様」とは?

「真のお客様」とは?

どちらも喜ばせる人になろう!

真のお客さまは誰？

「取引先ではお客さまの力になれていますが、会社での評価はイマイチ。収入も上がりません」という方がいます。そういった方は、本当のお客さまは誰なのかを、今一度考えてみてください。

お金をくれる会社こそが、最大のお客さま

あなたにとっての本当のお客さま、それは会社です。取引先など、あなたがふだん「お客さま」として認識している方たちは、2番目以降のお客さまになります。なぜなら、会社こそがあなたに直接お金を支払ってくれている存在なのですから。

そう考えると、会社という最大のお客さまを喜ばせないと、収入がアップしないというのも当然だと思いませんか？ にもかかわらず、「上司が」「アイツが」「うちの会社は」とお客さまの文句を言う人が多いのも事実です。どうせなら、最大のお客さまをもっと喜ばせていったほうが得策です。

すべては循環している

とはいえ、社内営業に終始せよ、と言いたいのではありません。むしろ、社内営業だけに情熱を注ぐのはもっともいけないことです。真の意味で、会社を喜ばせられる人になりましょう。

真の意味で会社を喜ばせるためには、まず2番目以降のお客さまに利益を与えなくてはいけません。お客さまに利益を与えることが、売上や会社への信用につながり、利益となっていくからです。そして、それがゆくゆくは自分へのリターンへとつながっていくのです。

このように、すべては循環しています。だからこそ、「最大のお客さま」である会社のことも、「2番目以降のお客さま」のことも、両方を意識した仕事をするべきなのです。

20 楽しめない最大のハードルは「被害者意識」

仕事が**イヤ**な理由の
ほとんどは
被害者意識

最大のハードル

なんで
私だけ

会社が悪い

人が
悪い

頑張って
いるのに…

報われ
ない

評価が上がらない理由の
ほとんども 被害者意識

評価
するのは 他人

被害者意識が最大のハードル

　実際に被害を受けているわけでもないのに、あたかも自分が被害者であるかのような気持ちでいることを被害者意識といいます。被害者意識を持ったまま働いていると、どんどん悪循環が起こります。仕事における最大のハードルだと言ってもいいでしょう。

仕事がイヤな理由のほとんどは被害者意識

　「私は被害者意識なんて持っていない」と思われるかもしれませんが、1章に共感されたあなたは要注意。1章に登場するような「仕事がイヤな理由」のほとんどは、被害者意識からきています。会社の悪口を言う際には「頑張っているのに」「こうしているのに」などの前提が入っていませんか？これこそが被害者意識です。

評価が上がらない理由に被害者意識がある

　お金を支払っているのが会社や他人である以上、あなたの仕事を評価するのは他人です。

　しかし、被害者意識を持っていると、それを忘れてしまいがちです。「こんなに頑張っているのに評価されない」「報われない」と思っている方は、「評価をするのは他人である」と胸に刻んでおきましょう。

　また、「こんなに頑張っているのに……」という感情が出てきたら、「被害者意識」というワードを思い出してみてください。

21 働く楽しさは自分で見出すもの

成長とは

自分で成長する

会社に成長させてもらう

市場

会社

Stage 会社

成長・やりがい、楽しさは自ら見出すもの

自分の成長を働く環境に依存しない

　意外と多くの人が陥りがちなのが、会社に対して「自分を成長させてくれる場所だ」という勘違いです。

　正確に言えば、会社が「自分を成長させてくれる場所」というのはあながち間違いではありませんが、成長は自ら築きあげるものであり、会社が成長そのものを与えてくれるわけではありません。

　仕事のやりがいや楽しさも同様で、会社はそういったものを提供してくれる場ではないのです。だからこそ、自ら探したり、見つけようとしたりする必要があるのです。

職場は学校と違う

　では、なぜ会社は成長ややりがい、楽しさを与えてくれないのでしょうか? その答えは、「会社はお金をいただく場所だから」です。

　お金を払って勉強を教えてもらう学校とは違い、会社はお金をいただいて貢献していく場所です。成長しやすい環境や機会はあるかもしれませんが、成長そのものは自ら築いていくほかありません。やりがい・楽しさについても同じことが言えます。

成長・やりがい・楽しさは自ら見出すもの

　あなたは会社からお金をもらっているのですから、会社はあなたにとって一番のお客さまにあたります。成果の出やすい環境に感謝こそすれ、文句を言うのは筋違いなのです。

　主体性をもって、成長・やりがい・楽しさを見出していきましょう。

CHAPTER 4

楽しく働くために
欠かせない
要素がある

1 仕事を楽しむには それなりに技術が必要

仕事を楽しむことは、精神論ではない

「仕事を楽しみませんか？」と言うと、なぜか「精神論だ」と思われてしまいがちです。しかし、これは技術であって、精神論とはまったく違います。

たとえば、本書で紹介している方法は「ものの見方を変える」「目標を紙に書いて貼る」などですが、これは「気合」「根性」といった精神論ではなく、脳科学を応用した技術にすぎません。いわば、方法論のひとつです。

外科のお医者さんは、手術の技術を持っています。大工さんには、家を建てる技術がありますよね。仕事を楽しむ方法もこれらと同じで、完全に技術なのです。しかも、この技術は自分を高めてくれるものです。

「読んでも変わらない」というのは当然です

ものの見方を変えたり、目標を紙に書いて貼ったりする……。このようなことは、いろいろな本で紹介されています。

これらを「精神論だ」と言って切り捨てるのは簡単です。そして、精神論だからといって実行せず、「読んでも変わらなかった。あの本はダメだ」と言う人もいます。しかし、「読んでも変わらなかった」というのは当然です。なぜなら、読んでいるのに提案された行動をしていないのですから。

運動が体にいいと知っていても、実際に体を動かしていなければ、あなたが健康になったりヤセたりすることはありません。それと同じです。

技術を使うのは、継続させるため

「気合」や「根性」を一概に否定するわけではありません。むしろ、これらも大切ではあります。しかし、気合や根性に頼っていると、どうしても続きません。だからこそ、仕事を楽しむためには、いろいろな技術を使ってほしいのです。

2 まずは興味の持てるポイントを探してみる

マイナスの視点を持ったまま、物事を見ない

　仕事でイヤなことがあるからといって、マイナスの視点を持ち続けていませんか？
楽しく働きたいと思っているのなら、ぜひプラスの視点を持ってください。

　たとえば、ある人のことを嫌いだと思っていると、その人のいいところを探すのが
一気に難しくなってしまいますよね。マイナスの視点でいると、決していいところは
見えてこないのです。それと同じくらい、あるいはもっと大変なのが「興味がない」と
いう状態です。いいところが見えないどころか、「普通」にもならないでしょう。

　これは人に限った話ではなく、仕事にも同じことが言えます。わざわざいいところ
を探そうとしないと、仕事の楽しさやよい部分、働く目的は見えません。お金を払って
楽しむプライベートとは違い、仕事はお金をいただく行為です。そのため、最初から何
もかもが楽しい！　という人はいませんし、つまらない・楽しくないポイントは簡単に
見つかります。だからこそ、興味を持てるポイントを探してほしいのです。

まずは興味を持ってみよう

　マイナスからスタートしている以上、いきなり仕事を好きになるのは難しいでしょ
う。しかし、まずは興味を持ってみませんか。そして、興味を持てたら、好きなところを
ひとつでもよいので見つけてみてください。仕事とは直接的に関係がなくても、持て
るところから始めれば、それで大丈夫です。たとえ、あなたの仕事が経理であったとし
ても、人事に興味を持ってもよいのです。逆に、少しでも興味を持てれば、それだけで
間違いなく好循環がはじまります。騙されたと思って、やってみてくださいね。

自分と違う考え方を否定しない

　新しい考え方を知ると、自分の考え方を否定されたように感じ、「自己啓発だ！　怪
しい！」と言って切り捨てる人がいます。しかし、それはあなたを否定するものでは
ありません。それどころか、今までは着の身着のままだったのが、方位磁石や歩きや
すい靴を手に入れて、さらに冒険しやすくなった、というのと同じことです。

　自分と違う考え方を知ったとき、「これは違う」と身につけないままでいると、あ
なたはずっと変わらないままです。それよりは、いろんな道具を仕入れたほうがオ
トクだと思いませんか。

3 目的には「○○のため」が欠けていると楽しめない

目的

GOAL

- ●「こうなりたい」という最終的な状態
- ● 具体的に示す　～だから○○したい。
- ● 理由が重要である　がポイント。

月に **1000**個 売る!

なりたい自分

この化粧品の すばらしさを広めて 女性を キレイにしたい!

目標

CHECK FLAG

- ● 目的を達成するための道しるべ
- ● 期限＋到達地点

体験キャンペーン

イベント開催

メディアに取り上げられ話題になる

営業に回る

広告を打つ

そのためにすること

① 広告を打つ
② 営業に回る
③ 体験イベント開催
④ メディアに取り上げられ話題になる

「目的」と「目標」は似て非なるもの

一見似ているように思える「目的」と「目標」。しかし、意味は大きく異なります。

目的は「○○のために」という部分であり、最終的なゴールを指します。たとえば、「日本をよくするために、総理大臣になる」というのが目的にあたります。一方、「目標」は、目的に向かっていく道のりのようなものです。総理大臣になって日本をよくすることが目的であれば、まずは選挙で議員選挙に立候補し、当選することが目標のひとつになるでしょう。

目的と目標は切っても切れない関係です。「最終ゴール」である目的に向かって、道中の目標をひとつずつクリアしていくイメージを持っていただければ、わかりやすいでしょう。そして、仕事を楽しむうえでは「目的」の設定が欠かせないのです。

「目的」には理由が存在する

先ほどの例でいうと「日本をよくしたいから総理大臣になる」といったように、目的には理由が存在します。「○○のために」というのがそのポイントです。だからこそ、人は目的に動機づけをされることはあっても、目標から動機づけをされるは難しいのです。

ノルマなどはいい例で、単に「この化粧品を1ヶ月以内に100個売る」という目標を会社から設定されると、イヤイヤ取り組む人が多いでしょう。しかし、「この化粧品は革命的なものだから、いろんな人に知ってもらって、キレイな人を増やしたい！」という目的を持っている人であれば、やることは同じでも、仕事をもっと楽しめると思いませんか。

未来は目的と目標でできている

このように、未来は目的と目標によって成立しています。まずは、「こうなりたい」という「最終ゴール」である目的を設定してみてください。そうすることで、目標は自然と定まってきます。

4 「目的」を描くことで「未来」が見えてくる

「目的」は 未来に対する 意思表示

プラスの目的

この商品の素晴しさを広めたい！

プラスの目的を設定する

目的を見つけるコツ

- まずは仕事に興味をもつ
- 誠実に働く
- 「〜したいから」という動機づけをすると明確化しやすい

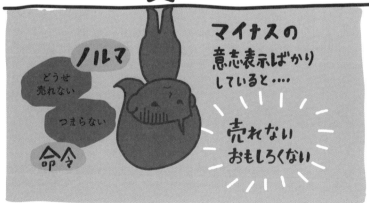

マイナスの意志表示ばかりしていると……

ノルマ

どうせ売れない

つまらない

命令

売れない おもしろくない

「目的」は未来に対する「意思表示」である

「一ヶ月で車を100台売る」「月の売り上げ100万円」といったノルマや目標は、人から課せられるものです。一方、「一流のセールスパーソンになりたい」「この商品のよさを広めたい」といった目的は、人から課せられるものではありません。あなた自身が決めるものです。

目的は、未来に対するあなたの意思表示。プラスの目的を設定すると、自然と行動はそちらを向いたものに変化し、気持ちも上向きになっていくものです。逆に、「仕事はつまらない、おもしろくない」とマイナスの意思表示をし続けていると、どんどん気持ちは沈んでいく一方です。

目的を持つためにはどうしたらいいの？

「そんなこと言われても、仕事がつまらなくて目的なんて持てないよ……」とおっしゃる方もいます。そうした方にはまず、仕事に興味を持ってみてほしいのです。

あなたが今の仕事をつまらないと感じているのであれば、マイナスからのスタートです。そんななかで、いきなり仕事を大好きになるのは難しいでしょう。しかし、興味を持たなければ、何も始まりません。どんなことでもかまいませんので、仕事に興味を持てるポイントを探してください。

興味を持てれば、仕事に楽しさを見出せるようになります。そして、誠実に働いていれば、必ず目的が見つかっていくのです。

人は、目的によって動機づけされる

仕事上でも目的をつくると、それに向かって楽しめるようになります。目的とは、いわば最終的なゴールです。たとえば「人を笑顔にしたいから、芸人になりたい」というのが目的にあたります。このように、目的には「〜から」の部分に、自分の気持ちや思いが込められています。

協力者がほしいと思うときにも、目的を明確にしておくことが必要です。あなたの思いに共感して初めて、人は協力したいという気持ちになるからです。

ぜひ、自分なりの目的を設定してみてください。

5 見返り期待の持てない時代の働き方

「おじさんたち」が若かったころ

＜高度経済成長期＞

働いたら働いた分だけリターンがあった

給料

現代

労働した結果がわかりやすく見えるものがない

野心やガッツ

残業代

電化製品

車

いい仕事とは…

今までなかったものを手に入れる喜び

不景気

サービス残業

会社離れ

あふれるモノやサービス

ほしいものがない

働く目的が外から与えられる時代

仕事に対して目的を持てない

だからこそ、自分なりの目的設定が大事 !!

「若かったころ話」に花を咲かせるおじさんたち

「オレが若かったころはさー…」「最近の若者は…」こうしたセリフを飲み会などでおじさん世代が発すると、心底うんざりしてしまいますよね。だいたい、彼らが言いたいのは、仕事において「若い世代はガッツや野心がない」といったことです。しかし、持っていないのではなく、持てないというのが実際のところではないでしょうか。

時代背景を考えてみよう

おじさんたちが頑張っていたという高度経済成長期には、明確なリターンがありました。働けば働いただけ、自分も日本もどんどん豊かになっていくのが目に見えてわかります。お給料だって、残業と比例してもらうことができました。車やエアコンなどが登場し、人々は今までなかったものを手に入れていくことに喜びや楽しさを感じていたのです。

それが、昔の社会人にとっては働く目的のひとつでした。そう、昔は働く目的が外から与えられる時代だったのです。どんなものであれ、目的があれば、ガッツを持って楽しく働けるものなのです。

現代の日本では、目的を持てないのは仕方がないこと

しかし、現代はどうでしょうか。日本社会は成長しきっています。サービス残業という言葉がまかり通っているくらい、労働時間と収入は比例しません。生まれたときからなんでも揃っているので、ほとんどの人はほしいものもそれほどありません。

労働した結果をわかりやすく変換できるものがない。そんななかで、仕事に対して目的を持てないのは、ある意味仕方がないことなのです。

だからこそ、自分で目的を設定しよう！

このように、周囲から目的をもたらされない現代だからこそ、楽しく働くためには自分の意思が必要になります。目的は、どんなものでもかまいません。まずは、自分なりの目的を設定してみることで、どんどん楽しく働けるようになっていくのです。

6 「自分のため」に働くことを悪く思ってはいけない

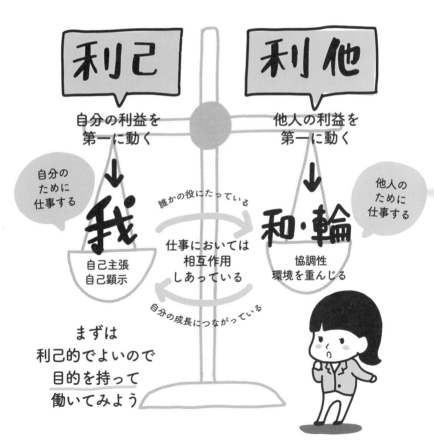

利己と利他の関係

利己
自分の利益を
第一に動く

自分の
ために
仕事する

我

自己主張
自己顕示

利他
他人の利益を
第一に動く

他人の
ために
仕事する

和・輪

協調性
環境を重んじる

誰かの役にたっている
仕事においては
相互作用
しあっている
自分の成長につながっている

まずは
利己的でよいので
目的を持って
働いてみよう

利己的と利他的の違い

　仕事をするうえでは「利己」と「利他」があり、密接に関係しあっています。簡単に説明すると、利己とは「自分のため」、利他とは「他人のため」。仕事においては「自分のために働くか、人のために働くか」と言い換えられるでしょう。

利己と利他の密接な関係

　楽しく働き、かつよい仕事をするためには、完全に利他的な仕事ができることが理想です。しかし、なかなかそれは難しいですよね。それに、自分のために仕事をするのも悪いことではありません。

　なぜなら、たとえ自分の収入のために働いていたとしても、仕事が誰かにとって価値を生み出すものである以上、必ずどこかで誰かのためになっているはずだからです。そのため、自分のために働くというのも決して悪いことではないのです。

　逆もまた然りで、他人のために働いていると思っていても、自分の成長に繋がっていることが多いですよね。利己と利他は相反するように見えますが、仕事においては切っても切れない関係なのです。

利他を目指すのは最終的でOK

　このように、利己と利他はつながっています。どちらかだけだと思っていても、結局は相互に作用しあっているのです。

　最終的には完全に利他で働けるようになると、真の仕事人と言えるかもしれませんが、そんなことができるのは歴史上の人物くらいでしょう。

　ですから、「なかなか利他的になれない……」とがっかりすることはありません。まずは、利己的な理由でもよいので、目的をもって働いてみることが大切なのです。

7 はじめは「高収入」を 動機にしてもいい

動機には2種類ある

内発的動機は
紙に書いておこう →

いい商品を
たくさんの人に
知ってもらい
たい

外発的動機

外部の環境によって
与えられる動機

条件　評価　他人の目

この仕事をやらないと
上司に怒られる…

自分の内に
思いがあれば
がんばれる！

内発的動機

自分の心からわき上がる
情熱や理想による動機

成長　面目　誇り　使命

この仕事はたくさんの人に
喜んでもらえるから続けたい

⇧
仕事を楽しむためには
内発的動機をもとう！

動機には2種類ある

　行動する際には、「○○のために頑張る！」という動機によって人間は動かされるもの。実は、この動機には2種類あります。ひとつめは、内発的な動機。そしてふたつめは、外発的な動機です。

内発的な動機と外発的な動機の違い

　内発的な動機とは、自分の心から湧き上がる情熱や理想によるものであり、外発的な動機とは外部の環境によって与えられるものです。

　たとえば、「病に苦しむ患者さんをひとりでも多く救いたい。だからこそ、いい薬をたくさんの人に紹介するのだ」というのは内発的な動機です。一方、外発的な動機とは「満点が取れたらゲームを買ってもらえるから勉強しよう」みたいなもので、「ノルマをクリアしないと満足な収入が得られないから、薬を売らなければ」というのがそれに当たります。また、「怒られないためにノルマを達成しよう」というのも外発的な動機です。

仕事を楽しむためには、内発的な動機を持とう

　さて、内発的な動機と外発的な動機、どちらがあれば仕事をより楽しめるでしょうか？ おわかりだと思いますが、答えは内発的な動機です。なぜなら、外発的な動機は、単発で一時的なものだからです。先ほどの例でいうと、ノルマをクリアできたら、それ以上薬を広めたいとは思わなくなるでしょう。一方、内発的な動機は違います。自分の内側に思いがある限り、ずっとそこに向かって頑張れるものだからです。だからこそ、内発的な動機を持って仕事をするのが理想的なのです。

外発的な動機も100％悪ではない

　とはいえ、外発的な動機も決して悪いものではありません。そこに向かって働いているうちに、楽しさが見出せることも多々あるからです。そのため、まずは外発的な動機から仕事に取り組んでもよいのです。

　また、内発的な動機のデメリットに「目に見えないため見失ってしまいやすい」ということが挙げられます。紙に書いておくなどして、目に入るようにするとよいでしょう。

8 要求を一つ満たすごとに心が豊かになっていく

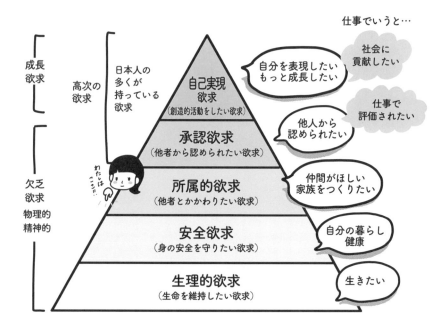

下の欲求が満たされていくことで
上の欲求を追求していく

マズローの欲求 5 段階説とは

アメリカの心理学者、アブハム・マズロー氏が提唱した「マズローの欲求5 段階説」という理論をご存じでしょうか。欲求は5 段階のピラミッド構成になっており、下の階層の欲求が満たされていくことで、高い階層の欲求を追求していくというものです。

段階別の欲求

一番下に位置する階層は「生理的欲求」です。寝たい・食べたいといった人間の本能を司る部分です。どんなときも「生きたい」という欲求は、すべての欲求に勝ります。 生理的欲求が満たされると、「安全の欲求」が芽生えます。自分の心身の安全を確保したいという欲求です。その次は、「社会的欲求」へと変化します。社会的欲求とは集団に属していたい、「仲間がほしい・家族をつくりたい」といったものです。

社会的欲求が満たされると、「承認の欲求」が生まれます。承認の欲求とは「他人から認められたい、尊敬されたい」という気持ちです。そして、階層の頂点が「自己実現欲求」です。自分を表現したい、もっと成長したいといったパッションとも言えます。

日本人のほとんどは高次の欲求を持っている

「社会的欲求」までは低次の階層、「承認の欲求」からは高次の階層です。日本では、生命の危険を感じることはほぼないでしょう。また、学校や会社といった何かしらの集団に所属させられることも多いです。つまり、最低限の欲求は満たされていることが多いもの。ですから、高次の階層についての欲求を持っている人が多いのです。これは、仕事についても同じことが言えます。

高次の欲求と仕事の関係

承認の欲求を仕事に置き換えると、「仕事で認められたい、評価されたい」となります。自己実現欲求は「自分の力や働きを社会のために使いたい」ということですね。この表のなかで、自分はどこにいると思いますか？ ぜひ一度、客観的に考えてみてください。

9 「働かされている」から 「働く」へ転換させる

「働かされている」から「働く」へ

Q. あなたは何の仕事をしているの?

Aさん
レンガを積んでいます。
仕事だから…

Bさん
お金を稼いでいるのさ。
生活のため

Cさん
大聖堂を創っているのです
街のため!

Aさんにとって仕事は **作業** ＝働かされている

Bさんにとって仕事は **稼業**

Cさんにとって仕事は **使命** ＝目的をもっている

＝ 仕事を楽しんでいるのはCさん

３人のレンガ職人

　あるところに、３人のレンガ職人が働いていました。３人は、「レンガを積む」という、まったく同じ作業をしています。

　そこで、全員に「あなたはなんの仕事をしているの？」と尋ねたところ、Ａさんは「レンガを積んでいる」と答えました。Ｂさんの答えは「金を稼いでいる」というもので、Ｃさんは「街をよくするために、大聖堂を造っている」と回答しました。

目的を持つと仕事が楽しくなる

　さて、このなかで仕事を楽しんでいるのは誰でしょうか？ 言うまでもなく、Ｃさんだとわかるでしょう。

　なぜなら、Ｃさんには「街をよくするために大聖堂を造る」という目的があるからです。「○○のために」という目的があれば、仕事を楽しめるようになるのです。

　ちなみに、Ｂさんの場合は目的がお金です。それも悪くはありませんが、お金のために働くというのは、どうしても楽しさを見出しにくいもの。また、Ａさんに至っては、目的を持ってさえいないのです。これでは、仕事はただの「作業」にすぎず、楽しさを見出しようがありません。

「働かされている」から「働く」へ

　Ａさんのように目的がないまま働いていると、「働かされている」というマインドから抜け出すことはできません。だからこそ、仕事がツラい、楽しくないと感じてしまうのではないでしょうか。

　Ｃさんのように、「働かされている」ではなく「働く」と捉え方を変えることができれば、仕事を「楽しむ」ことは難しくありません。

まずは目的を設定してみよう

　なんでもかまいませんので、まずは働くときに目的を設定してみましょう。そうすれば、仕事をどんどん楽しめるようになっていきますよ。

10 目的を持って働かないと、結局は楽しめない

レンガ職人さんその後、何をしていますか?

A さん

別の現場でレンガを積んでいます。

こんなことをするために生まれてきたのだろうか…

目的もなく、変わらず「働かされている」仕事は楽しくないまま転職を繰り返す

B さん

レンガ職人よりも賃金の高い現場で木を切っています。

体はしんどいけど生活のため

仕事はあくまで生活のためなので働く楽しさは持っていない。

C さん

町役場で働いています。

街をもっとよくするためにここに水道をつくろう!

大聖堂建設での真摯な働きぶりが認められ、町役場で職を得る。職に就いてからも、町のために尽力している。

目的の有無が未来のちがいをきめる!

3人のレンガ職人

「レンガを積む」というまったく同じ仕事をしている3人の職人たち。しかし、彼らの違うところは、その仕事をどのようにとらえているかということでした。彼らに何の仕事をしているのか尋ねたところ、Aさんは「レンガを積んでいる」、Bさんは「金を稼いでいる」、Cさんは「大聖堂を造っている」という回答だったのです。

レンガ職人たちのその後

さて、大聖堂が無事に完成したあとの職人たちはどうなったのでしょうか。その後、彼らの仕事場を訪れてみると……

　Aさんは、別の建設現場でレンガを積んでいました。

　Bさんは、前回よりも賃金が高い現場で木を切っていました。

　Cさんは、町役場で働いていました。

誰がよい、悪いということではありません。しかし、3人は違う道を歩むことになったようです。道がわかれるポイントは、どこにあったのでしょうか。

目的の有無が未来の違いを決める

実は、Cさんが町役場に職を得たのは、大聖堂を建設している際の真摯な働きぶりを認められたからでした。「もっとこの地をよくするのだ」という目的のもとで働いていたCさんは、町役場に就職してからも「ここに水道をつくろう」など、尽力しています。

一方、お金のために働いているBさんは、相変わらず仕事には楽しさを見出していないようです。たくさん稼ぐためには、体力的な負担も増えていることでしょう。

最後に、Aさんがまったく変わっていないことにお気づきでしょうか。働く場所こそ変わっていますが、仕事に対して目的を持っていないAさんは、結局やっていることも同じで「作業」のままです。当然、楽しさを感じてはいないでしょう。こうした人は、楽しくないまま仕事を続けたり、転職を繰り返したりしてしまう傾向にあります。

この3人の話は、同じ仕事をしていても、目的の有無によって未来は大きく変わるという例です。仕事への取り組み方が変われば、よくも悪くも未来が必ず変化します。どうせ働くなら、Cさんのように取り組んでみませんか。

11 目的は描くもの、探すものではない

目的は探すものではない。
≠ SEARCH

よくある「自分探し」
過去と現在を見ている

未来はこっち！

これから
こうなりたい
こうしたい
を描こう！

ここに目的がない

過去 ----- 現在 ----- 未来

苦しむ動物を
減らしたい
獣医に
から
なりたい！

この
ストーリーが
重要。

まちがえたら書き直してOK。

過去から目的を探さない

仕事の目的を設定しようと言うと、過去の自分を振り返って「自分探し」を始めてしまう人がいます。決して悪いことではないのですが、過去の自分は参考程度にしかなりません。

「自分探し」は過去探し

自分のことをよく知るのは、とても大切です。しかし、一般的な「自分探し」とは、過去に自分がしてきたことのなかから何かを拾い集める行為です。

そのため、過去を振り返っていても、未来の目的を描くことにはつながりません。未来はこれからのことだからです。目的は、何もない、白紙のところに、あなたの「こうなりたい」や「こうしたい」を描くものなのです。

目的はあなただけが描けるもの

目的とは「苦しむ動物を減らしたいから、獣医になる」といったようなもので、そこには「〜だから」という理由が必要です。その理由には、あなたの気持ちやストーリーがこもっているはずです。ですから、あなただけが描けるものであり、ほかの誰かが決められるものではありません。

描く目的に正解や不正解はない

目的に、正解や不正解はありません。あなたが考える目的であれば、すべて正しいのです。もし、途中で「違うな」と思ったら、描き直せばよいのです。とにかく、まずは描いてみるところから始めてみましょう。

4-11

12 目的と手段は どんどん入れ替える

目的のレベルを上げていこう！

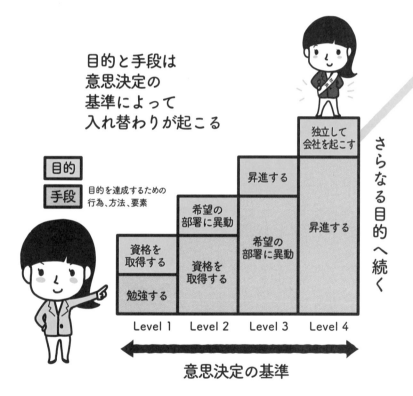

目的と手段は
意思決定の
基準によって
入れ替わりが起こる

| 目的 |
| 手段 | 目的を達成するための
行為、方法、要素

さらなる目的へ続く

独立して
会社を起こす

昇進する

希望の
部署に異動

昇進する

資格を
取得する

希望の
部署に異動

勉強する

資格を
取得する

Level 1　　Level 2　　Level 3　　Level 4

意思決定の基準

あなたの成長によって、目的は変わっていくもの

目的を追って仕事をしていると、だんだん当初の目的とズレが生じてくることがあります。

そのことに悩む方もいらっしゃいますが、目的が変わっていくのは普通のことです。

むしろ、あなたが成長している証とも言えるでしょう。いま掲げている目的は、次の目的へのステップになっていくのです。

目的と手段は入れ替わっていくもの

少し難しい言い方をすると、目的は意思決定の基準によって入れ替わりが起こるものです。

たとえば、あなたの目的が資格の取得だという場合。無事に取得できれば、その資格を使って希望の部署に異動したり、別の仕事に転職したりすることもできます。つまり、最初は「目的」だった資格が、今度は「手段」として使われているのです。これを、目的と手段の入れ替わりといいます。

そうして仕事が変わったら、今度は夢を叶えて……と、どんどんステップアップさせていくことができるのです。これも、目的と手段が入れ替わっていますよね。

変わっていくことを前向きに楽しもう

だから、目的が変わっていくことを恐れる必要はありません。繰り返しになりますが、成長にあわせて目的が変化していくことは当然なのです。目的が変化しているということは成長しているのだと前向きに捉えて、変わっていくことを前向きに楽しんでください。

4-12

13 目的設定のコツ①　まずは仮設定する

仮でもいい！目的をつくろう。

仮設定をしない

〈迷いの森〉
ただひたすらさまようだけ

どこに行けばいいか
わからないので
ダラダラした日々に
戻ってしまう

仮設定をする

○ 正しい
⤴
仮目的
⤵
✗ まちがい

← トライ＆エラー
やり直せば
OK！ このプロセスが大事。

これが好き
気になる
本を読む
セミナーに行く

いろんな体験をしよう

⤵

かたっぱしから
仮の目的を
設定してみよう

仮でもいいので、目的を作ろう

目的は、最初から完璧なものでなくてもかまいません。100点である必要はありませんから、ひとまず仮設定してみることが大切です。どんなものでもよいのです。正解・不正解はありませんから、あなたの思うままに目的を作ってみましょう。

そして、目的ができたら、ピンとくるものは何でもトライしてみましょう。本を読んだり、人の話を聞きにいったり、セミナーに参加してみたり、どんなことでもかまいません。興味があることを、片っ端からやっていくことが大切です。

やみくもに動くほうが危険

「でも、仮設定なんて意味あるの？」と思われるかもしれません。しかし、仮設定もなしに、やみくもに動いていくほうが危険です。目的がないまま何かをしようとしても結局何をどう動いていいのかわからないので、ダラダラとした日々に戻ってしまいがちだからです。目的地を設定していないカーナビは、どこにもたどりつくことができませんよね。それと同じです。

仮設定をしてみる大切さ

目的の仮設定をしてみると、動き始めることができます。そして、動き始めて初めて、「この目的設定は正しかった」「間違っていた」といったことに気がつけるのです。

結局間違った目的を立ててしまうなんて無意味だと思われるかもしれませんが、そうではありません。目的は、たとえ間違っていてもよいのです。そこから軌道修正していけばいいだけです。何事もトライ＆エラーの繰り返しで実現していくものですから、間違いを恐れて結局何もしない、ということだけは避けなければいけません。

間違いや失敗を恐れず、あなただけの目的を設定してみましょう。

14 目的設定のコツ②
目指す人を決める

憧れの人をみつける

憧れの人

● 身近な人
● 雲の上の経営者
● スポーツ選手
● 芸能人

考え方や
姿勢を真似して
みよう

あこがれの人に
近づける
＝
目的も定まる

どんな目的で
働いている
のだろう

どんな生き方を
するのだろう

どんな考え方を
するのだろう

こういう時
どうするだろう

目的設定のカギを握る「憧れの存在」

　目的設定をするためには、「憧れの人」を思い描いてみるとよいでしょう。あなたには、「こんな人になりたい」「あんな仕事をしてみたい」と思うような人はいませんか？

　憧れの人の考え方や姿勢を知り、それに沿って行動していけば、その人に近づいていくことになります。目的も自然と定まっていくでしょう。

憧れの人に仕事の目的を尋ねてみよう

　「こうなりたい」と思う人が身近にいる場合は、ぜひその方と仲よくなってください。一緒に食事などをして、その人がどんな働く目的を持っているかを質問できるとベストでしょう。その際は、「働くうえで、お金以外に大切にしていることはありますか？」と聞いてみてください。何の前提もないまま働く目的について尋ねてしまうと、「お金」という回答をされることが多いでしょうから、それを避けるためです。

　そして、目的を聞くことができたら、今度は自分がその目的を持って働いてみてください。考え方や姿勢をマネするだけでもかまいません。それだけでも、見える景色が変わってくるはずです。

もし、身近に憧れる人がいない場合は

　もし、身近にそういった人がいないというときでも、がっかりすることはありません。雲の上に感じるような経営者やスポーツ選手、芸能人などが憧れでもよいのです。

　しかし、こういった方は、働く目的を名言されていることはあまりありません。ですから、著書を読んだりインタビューを見聞きしたりして、「きっとこんな働く目的を持っているのだろう」と推測することが大切なのです。そして、それに沿って行動していきましょう。

　憧れの人の、働くことに対しての考え方や姿勢を取り入れて、ぜひ自分のものにしていってください。

15 目的設定のコツ③ ワクワクできるものにする

ワクワクする目的だから頑張れる

モテたい！

モテるため

モテるために

うで立て

ワクワクしないと
途中の苦労が
耐えられない

がんばろう!!

どんな目的も間違いではない

目的は、あなたが自分で決めたものであればどんなものでもかまいません。正解も不正解もありませんから、あなたが好きに決めてよいのです。

しかし、注意してほしいことが一点だけあります。それは、「ワクワクする目的を設定する」ということです。

なぜ、ワクワクする目的がよいのか？

ネガティブな目的設定＝悪だと全否定するわけではありませんが、ワクワクしない目的というのは、達成するまでの道のりが非常に苦しいものになってしまいがちです。そうなるとモチベーションも上がりませんし、目的を目指すこと自体に挫折してしまいかねません。

ワクワクする目的を目指していれば、たとえ道中に苦しいことがあったとしても、楽しさが先に立ちます。どうせなら、目的までの道中も楽しんでいきたいですよね。

とはいえ、そんなに真剣に考えなくてOK

目的を決めるにあたって、「カッコいい目的にしなければ」「人に堂々と言えるものにしなくては」などと、考えすぎる必要はありません。

ミュージシャンの方が、楽器を始めたきっかけとして「モテたかった」と言っているのを聞いたことはありませんか？ それくらい、軽い気持ちで考えてみてもよいのです。そのほうが、楽しく達成していけると思いませんか。

16 目的設定のコツ④ 見晴らしのよい場所で考える

目的を決めるのに 向いている場所

✕ 刑務所の独房は 狭い

= 自分がしたことを
振り返る場所
視野が狭く、未来について
考えられる場所ではない

◯ 見晴らしのよい場所がおすすめ

= 視界が広くなることで
思考の幅も広がる

なんて自分は
ちっぽけ
なんだ…

hello!!

目的を決める際は、場所も大事

　目的を決めるとなると、机の上で一生懸命考えようとする方が多いです。それも悪くはありませんが、おすすめできる場所は「見晴らしのよい場所」です。

　なぜなら、見晴らしのよい場所で目的を考えると、思考の幅を広げることができるからです。

刑務所とは真逆の発想が必要

　刑務所の独房を思い出してみてください。囚人たちが反省をする場として、狭い独房が利用されますよね。

　つまり、狭い場所は、自分がしたことを振り返る場所であり、未来について考える場所ではないのです。それだけでなく、狭い場所は考え方も狭くなります。広い視野をもって目的を考えたければ、見晴らしのよい場所に限るのです。

目的を考えるために最適の場所

　公園で横になって空を見上げたり、広い海を見たりするなど、目的を考える際には、とにかく見晴らしのよい場所へ行ってみてください。

　少しでもいいので、自宅よりも開けた場所に行くことを意識してみましょう。だだっ広い場所でボーッとしていると、自分がちっぽけに感じてくるものです。

　ステップアップするためには、大きな目的を持つことが欠かせません。自分の枠を広げるためにも、ぜひ広い場所で目的を考えてみてください。

17 「やめたい理由」を 追いかけない

切り札は 「やめたい理由」に負けない「目的」

ワクワクする
目的であれば
あるほど強い。

目的へのワクワクが
上回るので、
やめたい理由に勝つ!

自然と働く目的を考えるときは、疲れている状態である

「私って、なんのために働いているんだろう？」こんな問いかけを自分にするとき、たいていの人は仕事に疲れている状態でしょう。そう、たいていの場合は働く目的やその会社にいる目的を考えるとき、すでにやめたい気持ちでいるのです。

とはいえ、社会人になるとネガティブな出来事が起こるのは避けられませんから、やめたいと思ってしまうのも無理はありません。

継続も必要な要素のひとつ

しかし、やめたいと思うたびに退職してしまうと、どうなるでしょうか。仕事のスキルも上がりませんし、評価もしてもらいにくくなりますよね。それに、現在の職場で収入をアップさせたいのであれば、継続して働くのも大切なポイントです。

カギとなるのは働く目的

そこで、「働く目的」を持っていることがカギになります。働く目的がポジティブでワクワクするものなら、ツラいことがあっても目的のために頑張れますよね。

たとえ「やめたい……」と思うことがあっても、目的へのワクワクがやめたい理由を上回るのです。

ですから、働く目的を持っているだけで、あなたの気持ちは大きく変わります。同じ「やめたい理由」が立ちはだかったときにも、「逆境だけど頑張ろう！」とポジティブにとらえるのか、「もういいや、辞めよう」と思うのかが決まるのです。

ワクワクしない目的は逆効果!?

ただし、働く目的はなんでもいいというわけではありません。自分がワクワクするものでないと、考えていてもテンションが下がるだけ。そうなると、働く目的はやめたい理由にすぐ負けてしまうのです。ですから、ポジティブでワクワクする目的をぜひ考えてみてくださいね。

CHAPTER 5

仕事を楽しくする
ステップと
思考のコツ

step 6

step 5
本当の利他

step 4
自己成長

step 3
エセ利他

step 2
承認

step 1
お金

1 「働く目的」を決めるためのステップ

働く目的の **6** step

成長によって1ステップずつ進んでいく

step6 使命感・生きがい

step5 本当の利他
人のためが自分のため

step4 自己成長
見返りを求めない

step3 エセ利他
もっと伸びていきたい

step2 承認
人のために働く（本当は自分のため）

認められたい

step1 お金

生きていかないと

私は今どこだろう？

ピンとくる箇所からスタートして
目的を設定しよう

成長によって働く目的は変化する

働く目的をどう決めていいのかわからないという方に参考にしてほしいのが、目的のステップです。働く目的は、自分の成長によってどんどん変化していきます。その変化とは、まるで階段のようなもの。一段ずつのステップがあり、自分の成長に応じて1から6まで上がっていくのです。

働く目的は階段のようなもの

各ステップは、左の図のようになっています。仕事に対する目的は、誰しも「お金」からスタートします。お金という目的を超えると承認という目的に変わり、さらにそこを超えるとエセ利他に発展していく……。

各ステップは階段のようになっていて、一段も抜かすことのできないプロセスなのです。

どこにいるかはそれぞれ違う

このステップのいずれかにピタッとあてはまる場合もあれば、1と2の間にいたり、2.8くらいだったりすることもあるでしょう。ステップはすべて白黒ではっきりと区切れるとは限りません。ときには、グラデーションのようになっていることもあるのです。

ピンとくる箇所からトライ！

また、読み進めるなかで、ご自身にとってピンとこないステップもあるでしょう。「？」と思われるところは、まだその段階ではないということです。自分にとってピンとくる段階から、ぜひ目的設定をはじめてみてください。

2 働く目的のステップ①
お金①生活していくための必須条件

step1
お金

お金を稼ぐ＝目的ではない?

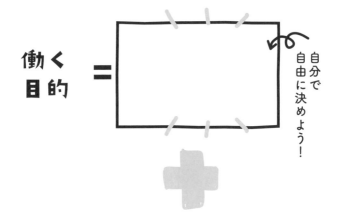

働く
目的 ＝ [　　　　　　] ← 自分で自由に決めよう!

＋

働く
条件 ＝ お金を頂く
（自分が提供した価値に対して）
＝ 生活のため

お金と仕事は切っても切れない

　働く目的の第1ステップであるお金。

　「働く目的はなんですか？」という調査で実に95％の人が「お金」だと回答しているように、仕事とお金は切っても切れないものです。

　お金のために仕事をするというのも、もちろん悪くありません。日本には納税の義務がありますから、義務を果たすという意味でも素晴らしいことです。しかし、楽しく働きたいと思われているのであれば、ぜひお金以外の目的を設定していただきたいのです。

ドラッカーの言葉

　「マネジメントの父」として世界的に著名なドラッカーは「企業にとって利益を上げることは条件であり、目的ではない」と述べました。これは「企業の存在意義はお金を生み出すことではなく、社会に利益を与えることだ」という意味です。

　実は、この言葉は企業だけでなく、個人にも当てはまります。企業と同様に、あなたの働く意義はお金を生み出すことそのものではなく、社会に利益を与えることにあるのです。

　お金なしに生きられないのは、企業もあなたも同じことですよね。しかし、お金のために働くというのは生きるための「条件」であり、社会に利益を与えるという「目的」にはならないのです。

楽しく働くためには、目的を設定しよう

　そこで、楽しく働くためには、お金という条件のほかに、目的を設定してほしいのです。「○○のために」と言えるものを、ぜひ設定してみてください。○○は自分にとっての定義や意味、なんでもかまいません。

　お金は働く目的の第1ステップではありますが、すでに皆が立っている場所でもあります。そのため、目指すところではありません。ぜひ第2ステップ以降を目指して、働く目的を設定してくださいね。

3 働く目的のステップ①
お金②お金のための労働に楽しさはない

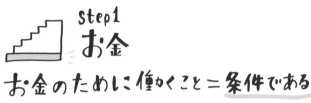

step1
お金

お金のために働くこと＝**条件である**

お金のために仕事してるんスよね？

ホンネ先パイって血を流すために生きてるんスか？

は・ァ・？

血液を流すために
＝「お金のために」
生きるための最低条件

⇩

楽しさは感じられない

お金以外で働く目的を考えてみよう

お金のために働くって、どういうこと?

お金のために、現在働いているというのは悪いことではありません。というよりも、いきなり「働く目的を設定してください」と言われても、お金以外は思い浮かばないというのは普通のことです。

とはいえ、お金のために働いている、というのは条件のために働いているのと同じこと。それが悪いわけではありませんが、そのままでは仕事に楽しさを見出すのは難しいでしょう。

「血液を流すために生きているの?」

「あなたは、血液を流すために生きているの?」と人に聞かれたら、どう思いますか? 体内に血液を流す、というのは生きるうえでの最低条件ですよね。だから、そのためだけに生きているの? と尋ねられると、誰しも、ちょっとムッとしてしまうのではないでしょうか。

お金のために働く=血液を流すために生きる

これを仕事に当てはめて考えてみましょう。

「血液を流すために生きている」は、「というのはお金のために仕事をする」と同じ意味です。なぜならそれは、どちらも必要最低限の条件のために○○している、という状態だから。

血液を流すために生きていても楽しさを感じられないのと同じで、仕事をするうえではお金以外の目的を作っておくことで、楽しく働けるようになるのです。

自分なりの目的を設定しよう

お金を稼ぐことは生きていくうえで最低条件なのですから、ひとまずそれは置いておきましょう。そして、それ以外で働く目的を考えてみませんか。自分だけの目的が見つかると、働くことがどんどん楽しくなっていきますよ。

4 働く目的のステップ②
承認①自分自身を信頼する

 STep2 承く認 ＝ 信用と信頼を得ること

自信 ＝ 自分への「信用」と「信頼」

自分に対して
信用がない

自分に対して
信用がある

商品を
アピール
できない

売れない

この商品は
絶対に
いいものだ！

ここが
優れている！

⇩

勇気が出ない

⇩

自分を奮い立たせる
勇気が湧いてくる

まずは自分で自分を承く認しよう

⇩

他人の信用・信頼が得られるようになる

働く目的の第２ステップ「承認」

　働く目的において「お金」というステップを超えるとやってくるのが、「承認欲求を満たしたい」という気持ちです。

　承認欲求という言葉を私たちはふだん何気なく使っていますが、まず「承認」とは何かを考えたことはありますか？　実は、承認とは「信用と信頼を得ること」なのです。

まずは自分で自分を承認する

　承認というと「他人から」というイメージを持ちがちですが、そうではありません。まずは自分で自分のことを承認するところから、すべてははじまります。

　自分に対して、信用と信頼がある状態のことを「自信がある」といいます。自分を信じると書いて、自信です。そして、信じるとは「自分を信用・信頼する」ということなのです。

　自信がなければ人から承認してもらうことはできません。そして、それ以前に「承認されたい」とも思わないでしょう。

　たとえば、営業なのに自分に自信がないとどうでしょうか？　自社の製品をうまくアピールできなかったり、ここが優れている！　とはっきりと言えなかったり……。自分を承認していない＝自信のない態度では、他人からの承認にもつながらないのです。

自分を承認すると、パワーがうまれる

　自分を承認することで、勇気もわいてきます。壁が出現したときやチャレンジしたいことがあるときに、なかなか踏み出せないのは勇気が足りないからです。勇気は、逃げそうになる自分を奮い立たせてくれるもの。そして、その勇気の源となるのが自分への承認なのです。

5 働く目的のステップ②
承認②他人からも信頼される

他人からの承認は仕事にも好影響を与える

　承認とは、信用と信頼を得ること。このステップになると、他人からも承認されるようになります。他人から信用と信頼が得られると、仕事をしていくうえでとても大きなプラスにつながります。

承認欲求からのスタートでOK

　日本では、承認欲求という言葉はあまりいい意味では使われません。しかし、仕事をしていくなかで「他人から承認されたい」という欲求が芽生えるのはごく自然なことであり、まったく悪いことではありません。

　それに、仕事の出来・不出来や評価などは他人が決めるものです。そのため、承認欲求を目的にすえるというのは実は正しいことでもあります。

承認がお金につながる

　YouTuber を思い出してください。最初は自分が楽しんだり、人を楽しませたりする目的で動画をアップしていても、「いいね」やチャンネル登録者数が増えていくことで、お金へと変わっていきます。これは、他人からの承認がお金に変わったいい例ではないでしょうか。

　たとえYouTuber 本人にお金を支払うのはGoogle だとしても、いいねやチャンネル登録者などの客観的に見える数字がなければ、報酬も発生しません。そういった面からも、仕事の評価は他人がするということがわかるのです。

6 働く目的のステップ③ エセ利他①人の役に立ちたい?

step 3
エセ利他
=
本当は自分のためなのに
"人のため"という気持ちで働いている

会社の評価が上がるから沿道の掃除をしている

自分の街のために

株式会社
○○○

↓

自分のためでも仕事である以上、誰かの役に立っている

利他と利己はつながっている

働く目的の第3ステップ：エセ利他

　承認という目的が満たされると、働く目的は「エセ利他」へと移っていきます。自分が認められているという感覚になってくると、だんだんと「人に喜んでもらえるとうれしい！」という気持ちが芽生えてくるのです。そうなると、目的も「人のためにもっと頑張りたい！」というものへと変化していきます。

なぜ「エセ」利他なのか

　では、なぜこれが「エセ利他」なのかというと、「本当は自分のためなのに、人のためだという気持ちで働いている」状態だから。誰かのためにと思って働いているつもりでも、結局は自分への見返りがほしいだけというケースがほとんどなのです。

利己と利他はつながっている

　とはいえ、自分のために働くことがいけないものだと言いたいわけではありません。「自然と人のために働ける」という状態がベストではありますが、それは最終的な理想形です。

　たとえ自分のために働いていても、それが趣味やボランティアではなく「仕事」である以上は、必ず人の役に立っているものです。ですから、自分のために働くことも、まったく悪いことではありません。

　利己と利他はつながっているので、働く目的は自分のためでも他人のためでもよいのです。

このステップにいること自体が素晴らしい

　そして、ステップ2までを乗り越えて、このステップまでこられている。それ自体がとても素晴らしいことです。あなたの仕事は、必ず誰かの役に立っていますから、まずは、そんな自分をホメてあげましょう。

7 働く目的のステップ③ エセ利他②見返りはいらない?

本当の意味での奉仕精神

「誰かのために頑張れている」という錯覚

自 ⟨⟹ 人

見返りを
求めている

感謝されたい
対価がほしい

この人
のため

本当は自分のためだと
気づくところからスタート

働く目的の第3ステップ：エセ利他

このステップは、働く目的が「人のためにもっと頑張りたい！」というものへ変化している状態です。とても素晴らしいことのように感じるのですが、この気持ち、実は錯覚であることがほとんどです。どういうことなのか、説明していきますね。

「誰かのために頑張れている」は錯覚

「人に喜んでもらえるとうれしい！」という感情自体は素晴らしいものです。しかし、本当の意味で奉仕精神がないと、イライラしたり見返りを求めたりするようになります。それが、エセ利他です。

本当の意味での奉仕精神がないのに、人にあれこれ尽くしていると「こんなに頑張っているのに、全然わかってくれない！」などと不満が生まれてしまうのです。そして、そういった不満が生まれている時点で、本当の意味で人のために頑張れているわけではありません。

この状態の人がよく口にするセリフとして「私はいいから」「自分はいいので」といったものがあります。これが出る時点で、見返りを求めているのです。だからこそ「エセ利他」と呼ばれるのです。

第3ステップの罠

目的の第2ステップ「承認」までは難なくクリアできても、このステップから先に進めない人は非常に多いです。

1年や2年でこのステップから抜け出すのは難しいことです。ここから先に進むためには、まずは自分が見返りを求めていることに気づきましょう。利己的な自分を認め、それを受け入れていくことが、このステップからの出口につながるのです。

このステップから抜け出せないと苦しい思いをするのは、自分を受け入れられていないからです。「自分のためでもいい」と認められて初めて、次のステップへの第一歩を踏み出せるのです。

8 働く目的のステップ④
自己成長①結局は自分のためだった

step4
自己成長

成長の**3**方向

1 意識を 高める

目標や
意識を
どんどん高めよう!

興味や
捉え方の
枠を広げよう!

2 幅を 広げる

能力を
どんどん
深めよう!

この円が
自分の器

3 力を 深める

さらに円を広げていくイメージ
=
大きな成長につながる

働く目的の第４ステップ：自己成長

「エセ利他」という目的を超え、「結局自分は他人のためではなく、自分のために働いていたのだ」と気がつくと、自己成長というステップがやってきます。

「人のためにと思って働いていたが、結局は自分のためだった。自分のために働いていたのではいけない、もっと成長しなければ」と、自分の成長自体を目的とするようになるからです。

しかし、成長といっても、具体的に何をどうすればいいのかがわかりませんよね。そこで、参考にしていただきたいのが「３方向の成長」です。

３方向の成長

「成長」のポイントは３点あります。

- ・　意識を高める
- ・　幅を広げる
- ・　力を深める

３方向を伸ばしていく

成長とは左の図のように、３方向をそれぞれ伸ばしていくイメージです。３方向に長く伸びれば伸びるほど、３点を結んだときにできる円も大きくなっていきますよね。これは、あなたの「器」の大きさです。

目標を高く掲げ、興味や行動の幅を広げ、深みを増していく。こうすることで、どんどん器も大きくなり、成長していけるようになります。

円を広げるイメージで

成長したいと思ったら、ぜひこの３点を意識されてみてください。さらに、円を広げていくイメージを持って行動すると、大きな成長につながりますよ。

9 働く目的のステップ④ 自己成長②自身をアップデートしていく

自己成長したいなら 一生し続ける覚悟を

流行

勉強

テクノロジー
の変化

経験

UP DATE!

生きている限り
世の中は変化し続ける

世の中の変する
ペースに
ついていかないと

価格が
下がる

アップデート理論

　成長とは、自分をアップデートすることでもあります。

　最近はスマートフォンでも、どんどんOSをアップデートしていきますよね。それと同じように、成長するためには勉強をしたり、新たな経験を積んだりして自分自身をアップデートしていくことが必要なのです。

時代に合わせたアップデートを

　自分をアップデートする際には、やみくもに何かをすればよいというものではありません。世の中はものすごいスピードで変化していきますから、それに合わせて、いや、それ以上のスピードで自分をアップデートしていく必要があるでしょう。

　世の中が変化するペースについていけないと、あなたの価値は下がっていってしまうのです。

世の中の変化に終わりはない

　そして、生きている限り、世の中はずっと変化し続けます。だからこそ、自分自身もずっとアップデートし続けていく必要があります。

　自分を高め、アップデートし続けられる人こそが、価値を高め続けられるのです。

　そのため、自己成長したいなら「一生し続ける」という覚悟が必要です。一生涯にわたり、勉強していくという姿勢こそが、成長につながっていくのです。

10 働く目的のステップ⑤ 「人のため」が好循環を生む

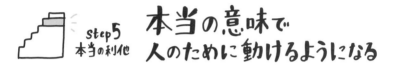

step5
本当の利他

本当の意味で
人のために動けるようになる

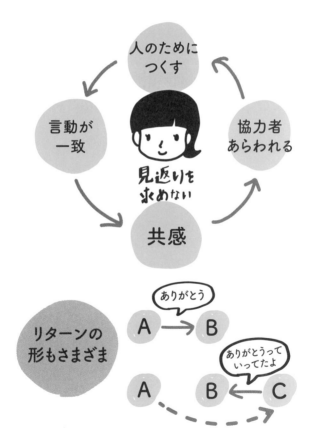

働く目的の第５ステップ：本当の利他

　自分の成長というステップが進むと、「本当の利他」という第五ステップに突入します。このステップに突入すると、働いていくなかで迷いがなくなったり、本当の意味で人のために働けるようになったりするのです。

「本当の利他」は好循環を生む

　人のために尽くすことができるようになると、見返りを求めることがなくなります。すると言葉と行動が一致するようになるため、仕事への姿勢が人に共感されやすくなります。その結果、協力者が現れてやりたいことがどんどん実現していく……という好循環が生まれやすくなります。

リターンの種類はさまざまだと知っている

　また、このステップは「間接的なリターン・因果関係のわからないリターンがあるとわかっている」という状態とも言い換えられます。

　たとえば、ある上司は部下のためを思って口すっぱく教育していたが、結局はそれを苦にした部下が退職してしまった。しかし、その後独立した部下は別の分野でひと花咲かせることに成功する。その際にインタビューされ「今の自分がいるのは、昔の上司のおかげです」と口にしていた……というストーリーがあったとしましょう。

　部下が退職してしまう部分だけを切り取ると、上司には損失しかないように思えます。しかし、最後には自分のおかげだと言ってもらえたというリターンを得ています。

　もし、仮にそれがなかったとしても「部下の教育に携わり、自分も成長できた」というふうに「目に見えないリターンをもらえた」と思えるのも、このステップにいる人の特徴です。また、将来的にはこのインタビューがきっかけで新たな仕事を得られるという、間接的なリターンもありえますよね。

　リターンにはさまざまな形があるということを認識できるのが、このステップなのです。

11 働く目的のステップ⑥ 「生きがい」「使命感」を実感する

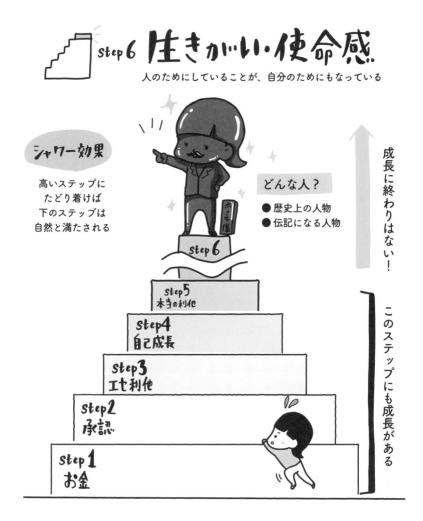

step6 **生きがい・使命感**

人のためにしていることが、自分のためにもなっている

シャワー効果

高いステップに
たどり着けば
下のステップは
自然と満たされる

どんな人？
● 歴史上の人物
● 伝記になる人物

成長に終わりはない！

step 6

step5
本当の利他

step4
自己成長

step3
エセ利他

step2
承認

step1
お金

このステップにも成長がある

生きがいと使命感

　「本当の利他」を超えるとやってくるのが「生きがい・使命感」という
ステップです。

　利己と利他が完全に一致している状態であり、人のためにしている
ことが自分のためにもなっているのがこの段階。働いていることその
ものが生きがいになっていて、さらに使命感に突き動かされている状
態です。「マズローの欲求段階」でも最上位の「自己実現」に位置します。

　働く目的のなかでも最終ステップに位置していて、ここにたどり着
けると素晴らしい仕事ライフにつながるでしょう。しかし、おそらく、
この「生きがい・使命感」というステップにたどり着いていたであろう
人は、歴史上に名を残した人物であり、伝記が出るくらいの人たちだと
思います。それほど難易度の高いステップなのです。

目指すことに意味がある

　とはいえ、このステップにたどり着こうとするのを諦めないでほし
いと思います。なんといっても目指す過程に成長があるのです。「シャ
ワー効果」という言葉をご存じでしょうか。シャワーの水が上から下に
流れていくように、高いステップにたどり着けば、自然と下のステップ
も底上げされるという効果です。生きがい・使命感のステップに到達し
ているということは、それ以外のステップでも高いパフォーマンスを
発揮できるようになっているのです。

成長に終わりはない

　しかし、もしこのステップに到達しても終わりはありません。生きが
い・使命感というステップは、自分の命をどう使うかが問われる場でも
あるのです。

　高みを目指して働くことは、必ずあなたの成長につながります。常に
上を見て、目の前の努力を繰り返す。そして、成長へとつなげていきま
しょう。

12 目的に到達するコツ①
逆算思考する

「ゴール」から逆算する

達成するために必要な要素は？

A を達成するために
必要な要素は？

B を達成するために
必要な要素は？

C を達成するために
必要な要素は？

D を達成するために
必要な要素は？

逆算で
考える

要素を一つずつ
積み上げていけば
気づいた時には
最終的なあるべき姿に
たどり着く

POINT

逆算思考が目的到達への鍵になる

目的（ゴール）を決め、そこへ到達するために必要なことを考えてみましょう。ゴールに到達するためにはＡが必要、ＡになるためにはＢをして、Ｂの状態になるためにはＣを……と、少しずつ目標を区切って考えてみてください。

目標は細かく区切る

可能な限り、目標は細かく区切るようにしましょう。ゴールがどんなに壮大でも、すべては小さなステップから始まります。ゴールにたどり着くためにできることを、「これならできそう」と思えるレベルにまで細分化して考えていきましょう。

目標の一つひとつは小さなものでも、積み重ねていけば大きな目的にたどり着くことができるのです。

目標は数字にする

さらに、一歩一歩、達成したかどうかを確かめるために、目標は数字ではかれるものにしましょう。抽象的な目標では、達成したかどうかがわかりづらく、曖昧になってしまいます。

時間の区切りも大切に

細かな目標が決まったら、いつまでにどうなりたいのかを具体的にしてみましょう。最終ゴールにはいつ到達したいのかということだけでなく、そこへたどり着くための中間地点である細かな目標についても、「いつまでにこうなる」という期限を決めましょう。

人間である以上、時間は有限です。ムダにしていい時間は１秒もありません。期限を区切って考えることで、ダラダラしたり時間をムダにしたりしにくくなるのです。

13 目的に到達するコツ② 積み上げ思考を大切にする

小さな積み重ねを大切に

テキスト
一日一項目
進める!!

積小為大
――二宮尊徳

めざせ
合格!

コツコツと
積み上げていく

クリアした
テキスト

目の前の課題を見る

小さなことを積み上げる

　目的（ゴール）に達成するためには、逆算思考のみでなく、「小さな積み重ね」も必要です。目的からさかのぼって計画を立てていく逆算思考に対し、目の前のできることを一つずつ積み上げていくことが「小さな積み重ね」です。さらに、小さな積み重ねとは何をすべきなのかと考える力が「積み上げ思考」になります。

目的に向かって少しずつ

　たとえば、資格の取得を目的とするなら、テキストを毎日1ページずつ仕上げていくことが小さな積み重ねにあたるでしょう。

　できることを日々少しずつ、積み上げていくことによって、目的に近づいていけるのです。

小学校の銅像は、スゴい！！

　小学校にある銅像を覚えていますか？ そのモデルであり、薪を背負って読書をしている少年は、二宮尊徳、通称・二宮金次郎といいます。

　彼は、「積小為大（せきしょういだい）」という言葉を残しています。積小為大とはかんたんに言えば、「ちりも積もれば山となる」ということ。貧しい出自でありながら、勉強を重ね、幕府に仕えるようにまでなった彼の言葉は、まさにそれを体現しています。

目の前にある課題を見よう

　目的を達成しようとすると、どうしても未来のことばかりを考えてしまいがちになります。それも大切ですが、目の前にある課題をしっかりとこなし、積み上げていってこそ大きな目的に到達することができるのです。積み上げ思考と逆算思考をバランスよく使って、目的に近づいていきましょう。

14 目的に到達するコツ③ 可視化する

いつも見えるように『可視化』

① 言葉にする（手書き）

ヒット商品をつくる!!

② ビジュアライズする（切り抜きや手書き）

ヒット商品をつくる!!

③ いつも見えるようにする（デスクトップや待ち受け）

寝る時も

社内コンペで一位になったら商品化

⬇

全国で発売される

⬇

CMができる

⬇

シリーズ化できる

見ているだけでワクワクするものにしよう

目的を忘れないために可視化する

　目的を決めたら、それを目に見えるようにすることが大切です。目的を決めるだけでも十分素晴らしいことですが、心のなかで決めただけでは忙しい日々を過ごすなかで忘れていってしまいがちだからです。

可視化の方法1：言葉にする

　目的を決めたら、言葉にして紙に書き出してみましょう。脳へ伝わる刺激が増えるため、パソコンで作成するよりも手書きをするのがオススメです。

可視化の方法2：ビジュアライズする

　「ビジュアライズ」とは、自分の理想に関するものを写真や画像にする作業です。雑誌の切り抜きや写真を用意したり画像検索をしたりして、自分の理想とする未来に近いものをどんどんコレクションしていきましょう。
　漠然とした夢を目で見えるものに変化させることで、脳に自分の目的を刷り込むことができます。

大切なのは「いつも見える」ようにすること

　目的を紙に書いたり、ビジュアライズができたら、いつも目に入る場所にセットしましょう。せっかく可視化の作業ができても、目に入るようにしておかなければ効果は得られません。
　たとえば、PCで作業をされる方はデスクトップにしておいたり、スマホの待ち受け画面にしたりするのもよいですね。また、寝る前に必ず目につくように天井に貼るのもおすすめです。必ず目に入る位置にすることで、脳に深く刷り込むことができますよ。
　目的を可視化する際は、ぜひワクワクするようなものに仕上げてくださいね。

15　目的に到達するコツ④ 目的をシェアする

人とシェアすることで 「達成しなければ」という気持ちになる

ただし人はえらぼう

本当の仲間

ポジティブで
お互いの夢を応援しあえる人に

がんばってね
私も負けない
わよ

いいじゃ
ないっすか
協力しますよ！

夢はシェアすることで
叶いやすくなる

ドリームキラー

えー
ムリだよ

やめた
ほうがた
いいよ

こんな人には
近づくべからず

目的はシェアすることが大切

　自分の目的が決まったら、周囲の人にそれをシェアしてみましょう。働いているなかで、話しやすい人に打ち明けてみるのがおすすめです。

　人にシェアすることで、「達成しなければ」という気持ちが生まれますから、それを利用しましょう。それだけでなく、新しい話や思いがけない情報が舞い込んできやすくもなりますので、目的ができたらシェアしない手はありません。

　もし、そんな人はいないと思っても、まずはシェアすること。少し逆説的になりますが、すべてはシェアすることから始まるのです。

人は選ぼう

　ただし、目的をシェアする際には相手を選ぶようにしてください。最悪なのが「ドリームキラー」と呼ばれる人です。

　ドリームキラーは「無理だよ」「どうせ」など、あなたのやる気をそぐ言葉を掛けてきます。やっかいなことに、善意からもっともらしくできない理由を説かれることもあるでしょう。

　そのような人に近づくのは御法度です。ポジティブ思考で、一緒にお互いの夢を応援しあえる人を探してみてください。

シェアすることで夢は加速する

　すばらしい仲間と目的をシェアできれば、夢はどんどん叶いやすくなります。そしてもちろん、あなたも仲間の夢を応援してあげてくださいね。

　夢はシェアすることで、どんどん叶いやすくなります。恐れずに、ご自身の目的をシェアしてみてくださいね。

16 目的に到達するコツ⑤ 「言動の一致」と「一貫性」

言行一致は難しいからこそ 信用につながる

言行一致と一貫性とは

　目的に到達するためには「言行一致」と「一貫性」の2点も重要なポイントです。「言行一致」とは、「言っていることと行動とが一致している」という状態です。また、「一貫性」とは、最初から最後まで矛盾がないことを指します。

　つまり、自分が掲げた目的に対して矛盾がない言動をしながら、一貫性をもって諦めずにトライし続けることが大切なのです。

なぜこの2点が大切なの？

　この2点を軸に行動をし続けると、その姿勢を見た人たちから信用・信頼してもらえるようになります。信用・信頼があれば、発する言葉や思いにも共感してもらえるようになり、応援団になってもらうこともできるのです。

　さらに、あなたを応援してくれる人は目的へ向かう道のりを手助けしてくれるもの。そういった方が増えていくと、自然と目的へも到達しやすくなっていきます。

簡単じゃないからこそ、信用につながる

　逆に、言っていることと行動とが合っていない、いわゆる「言行不一致」の人についてはいかがでしょうか。発する言葉は立派だけれど、受け入れられないでしょう。何よりも、「そんな立派なことを言うのなら、まずあなたがやってみなよ……」と、不信感を抱いたり、不安を感じたりしてしまいますよね。

　言っていることと行動とを合わせるのは、簡単ではありません。だからこそ、それができれば信用・信頼へとつなげていくことができるのです。

17 未来は描いた通りにはならないが、描いた通りにしかならない

思い描いた通りの結果

TOP営業マン

挫折

GOAL

④大口顧客がいなくなる

③紹介が増える

②月に10件の契約

①電話を毎日50件

⑥月に30件の契約

⑤電話を毎日50件

④商品を変更

方向転換

A → B に商品変更

START

TOP営業マンになる！

目的を持ち続ける限り
結果は必ずついてくる

思い描いた通りにならない!? なる!?

　「未来は思い描いた通りにはならないが、思い描いた通りにしかならない」矛盾しているように感じるこの文脈ですが、実はこんな意味があります。

　「未来は、思い描いた道のり通りではないが、思い描いた通りの結果にはたどり着く」ということです。

過程は思い描いた通りにならないもの

　たとえば、「トップ営業マンになる」というのが最終ゴールだったとしましょう。当初は、「商品A を年間〇人に〇個売って、40 歳にはトップになろう」などといった計画をすることでしょう。しかし、計画が思い通りに運ぶことなど、ほとんどありません。

　途中で担当する商品がA からB へ変わったり、アテにしていた顧客がいなくなったり、上司から「これは売るな」と言われたり……。

　目的を達成しようとするなかでは、予想外の展開がつきものなのです。

結果は思い描いた通りになる

　このように、計画や過程、「いつまでにこうなる」といった期限は変わる可能性があります。しかし、あなたが「トップ営業マンになる」という目的を持ち続ける限り、結果は必ずついてきます。

　ですから、途中でどんなことがあっても、自分の目的を達成するという気持ちを持ち続けてくださいね。そうすれば、必ず思い描いた通りの未来がやってくることでしょう。

18 種を育てよう

「働く目的」という種

③ 信念の木になる

信念

強化

行動

② 行動を積み重ねて

④ また新しいタネが見つかる

① 目的 種が見つかったら

くりかえし

ここまで、みなさんには「働く目的」についてたくさん考えていただきました。目的が見つかったみなさん、おめでとうございます！とても大きな前進です。

　しかし、がっかりしないでいただきたいのですが、目的が見つかったからといって、いきなり仕事が楽しくなるわけではありません。それはゴールではなく、あくまで「種」が見つかったにすぎないのです。

　働く目的は、木の種と同じです。種を見つけたからといって、木が育つわけではありませんよね。水をやったり光を当てたりしながら育てていく必要があります。

　それと同じで、たとえ目的が見つかっても、それに沿った行動をしていかなければ、結果には結びつかないのです。

　目的に沿った行動をするためには、自分へのリマインドを欠かさないことが大切です。たとえば、目的を紙に書いて定期的に見返したり、こまめに連絡をするようにしたり、報連相をしっかりとこなしたりといったことが挙げられるでしょう。

　こうした行動を積み重ねて初めて、種は芽が出て木になっていきます。

　そして、ある程度自分が成長し、働く目的という種が木になってからも強化を怠ってはいけません。

　この本をお読みになった方ならわかると思いますが、世間はそう甘くありません。種を育てていくなかで、くじけそうになったり逆風が吹いたりして、木が倒れそうだと感じることもあるでしょう。しかし、強化もまた、目的に沿った行動をしていくことで成し得るものなのです。この過程こそが苦しくもあり楽しくもある、人生そのものなのではないでしょうか。

　強化を怠らなければ、目的という種は立派な木に育ち、多くの人が寄り添ってもブレない信念へと進化するでしょう。そのころには、また新しい種が見つかるはずです。ぜひ、楽しみながら種を育ててみてくださいね。

おわりに

「働くってなんだろう？」

私はまったく考えないまま、働きはじめました。

就活をした理由も「みんながするから」でした。就職先も「まわりの人に言っても、恥ずかしくないところにしよう」くらいの気持ちだったのです。

実際に就職先を決めた理由のひとつは、「断るのが面倒で」というものでした。いま考えると、恥ずかしい限りです。

その会社で働きはじめてからしばらくしたころ、上司に「お前はなんのために働いているのだ」と尋ねられたことがありました。私はその問いかけに「お金です」と応じていました。本当に、お金以外の理由は見つかりませんでした。しかし、そのお金にすら満足できていないという状況だったのです。

というのも実はその当時、私の給与は初任給よりも下がってしまっていました。ですから、本当にお金のために働いているのなら、ほかの会社に転職したほうがよかったでしょう。なぜそうしなかったのかというと、自分に自信がなくてできなかったのです。

そんな私も、一時はやる気になって成果を出せた時期もあり、土日祝日も関係なく働いていた経験もあります。しかし、それは長続きしませんでした。うつ病に近い症状になってしまったこともあり、できればもう働きたくない、そう思っていました。

5年間会社勤めをしたあと、私は起業することになりますが、これも深い決意や覚悟を持ってのことではありませんでした。ここでは割愛しますが、人のせいにしやすいような動機からです。だから、うまくいかなくなったときには何度も諦めそうになりました。運よく、周りの方々のおかげで乗り越えられただけなのです。

そんな私が、いまではこんな本を書いていますから、因果なものだと思います。いまは不思議なご縁で、仕事についての研修を全国でさせてもらっています。

そして、研修のなかで思うのは「みんなそれぞれが、それぞれに一生懸命だな」ということです。

しかし、仕事は一生懸命さだけでうまくいくものではありません。たとえ一生懸命やっていても、うまくいかなかったり、失敗したりもするでしょう。ときには、くじけそうになるかもしれません。それでも「誰かの役に立ちたい」「もっと認められたい」

という気持ちは皆さんに共通していることです。ただ、勇気やモチベーションがほんの少しだけ足りないから、誰かや何かが背中を押してくれるのを待っているような気がしています。

　だからこそ、読者の皆さんがほんの少しでも勇気を持ってもらえるものにしたい、と思ってこの本を書きました。

　本書で紹介しているのは、特別なことではありません。私オリジナルのノウハウというつもりも一切ありません。「いろんな本に書いてあることじゃん」と思われる方も多いでしょう。否定しません、その通りです（笑）

というより、情報があふれている今の時代に純粋なオリジナルのノウハウってどれくらいあるのでしょうか……？

　私は「〇〇式」「××先生オリジナルノウハウ」などといった、セミナー講師やコンサルティング会社が喧伝するようなものには一切興味がありません。

　なぜなら、私はいろんな本や人から、日々勉強させてもらっているからです。きっと、これは一生変わらないと思います。

　そんなことより、誰が考えて作ったものでもいいから、「お客さまが成果を出せるものを」と思って仕事をしています。実際に、当社の研修も目新しいものはありません。しかし、成果は出ます。それは、成果を出すことに対して誇りを持って仕事をしているからです。

　そして、そう思えるようになったのは30歳のときからずっと「働く目的」を持っているからです。その目的というのは、「かかわる人に希望の光と愛情を与え続ける」こと。そのために、私は仕事をしているのです。

　与え続けるには、まだまだ修行が足りません。しかし、まだまだ「目指す自分」になりきれていないからこそ、人生は、そして仕事はおもしろいのだと思っています。

　ぜひ、ともに仕事を通して成長していきましょう。

2020年3月　張替一真

あとがき ページ

はじめまして。
今回この本のイラストを
担当させて頂きました
ヨコイと申します。
香川県高松市で
「社畜デザイナー」を
やっております。

この仕事を始めて
約15年、デザイナー・
イラストレーターをしていますが
日々、いろんなことがあります。
当然、「仕事」について、
「働く」ことについて考える
こともあります。

今回この本にでてくる、
主人公の「ホンネちゃん」の悩みも
「あるある〜」と思いながら
はじめは読んでいましたが、
途中から「これって私?」
というくらい、
自分そっくりでした。
思考も行動も、
まるで分身のようです。

※1章の不平・不満は
自分ごとのように
書かせていただきました。

なので、ホンネちゃんが
働くことについて真剣に考えながら
一歩一歩成長するとともに、自分も
一緒に成長できるよう、修行のような
気持ちで取り組みました。
また、この本を読んで少しでも
仕事で悩んでるみなさまの
悩みが解決できるように、
わかりやすく、楽しく
読み進められるように
描きました。

オマエも
がんばれよ！

オッケー
がんばろ‼

これを描き終わる頃には
私も「働く」ことの意味を
本当に理解し、人間として
もっと成長しているはず！
これからもっと明るい未来があるはず！

…と思いますが
人間ですから、その時の気持ちを
ずっと持ち続けるというのが
なかなか難しいのです。

スーパー
YOKOI

そこで、そんな時はこの本がおすすめです。
こちらもイラストを描いています。

発売中！

「自分を動かす習慣
　80のヒント集」
（ぱる出版 1400円＋税）
ぜひご一読ください。

● お問い合わせ

 vitamin_records@yahoo.co.jp

お仕事お待ちしています！

<参考文献>

・現代の経営　P.F.ドラッカー（ダイヤモンド社）

・働き方の哲学 360度の視点で仕事を考える　村山昇　若田 紗希　（ディスカヴァー・トゥエンティワン）

・"働く"をじっくりみつめなおすための18講義—よりよく働くための原理・原則　村山昇（アスカビジネス）

・超・アナログ思考 凡人でも天才に勝てる唯一の方法　中村秀夫 (BYAKUYA BIZ BOOKS)

・入社3年で結果を出す人、出せない人　丸茂喜泰　（アスカビジネス）

・OPENNESS（オープネス）　職場の「空気」が結果を決める　北野 唯我（ダイヤモンド社）

・魔法のコンパス 道なき道の歩き方　西野 亮廣　（主婦と生活社）

・7つの習慣　スティーブン・R・コビー　（キングベアー出版）

・xDrive 質問でPDCAは加速する　荻野純子　（キングベアー出版）

・ハートドリブン　目に見えないものを大切にする力 塩田元規　（幻冬舎）

・メモの魔力　-The Magic of Memos-前田裕二 (NewsPicks Book)

・ハッタリの流儀　ソーシャル時代の新貨幣である「影響力」と「信用」を集める方法 堀江貴文　（幻冬舎）

・人を動かす D・カーネギー　（創元社）

・ザ・ゴール — 企業の究極の目的とは何か　エリヤフ・ゴールドラット　三本木亮（ダイヤモンド社）

・嫌われる勇気———自己啓発の源流「アドラー」の教え　岸見一郎　古賀史健（ダイヤモンド社）

・自分を操る超集中力　メンタリストDaiGo（かんき出版）

・ザ・ミッション 人生の目的の見つけ方 - ドクター・ジョン・F・ディマティーニ(ダイヤモンド社)

・人生の目的 ˜自分の探し方、見つけ方˜　本田 健　（大和書房）

・図解 モチベーション大百科　池田貴将 (サンクチュアリ出版)

・学びを結果に変えるアウトプット大全　樺沢紫苑 (サンクチュアリ出版)

著者紹介

張替 一真（はりがえ・かずま）

株式会社あきらめない 代表取締役

1984年生まれ。日本全国の中堅中小企業向け研修事業を行っている。「難しいことを誰にでもわかるように伝えること」「自分の頭で考えてもらうこと」を大事に、炎のジャンケン等の手法を使って、会社の空気を変えることを得意としている。「関わる人に希望の光と愛情を与え続ける」が自分の軸である。会社名の あきらめない の由来は自分があきらめないようにする戒めの意味も込めている。

絵：横井 いづみ（よこい・いづみ）

セブンラノイ株式会社 取締役 チーフデザイナー

1981年 香川県生まれ

京都精華大学デザイン学部プロダクトコミュニケーション学科卒

ライター： 中村 綾乃

エディトリアルデザイン：コピーマック 古川 友武

自分を幸せにする働き方

2020年 3月 30 日　初版発行

著　者	張　替　一　真	
発行者	常　塚　嘉　明	
発行所	株式会社　ぱる出版	

〒 160-0011　東京都新宿区若葉 1-9-16

03(3353)2835 ― 代表　03(3353)2826 ― FAX

03(3353)3679 ― 編集

振替 東京 00100-3-131586

印刷・製本 中央精版印刷（株）

ISBN978-4-8272-1225-9 C0030